Kauderwelsch

Band 107

Der
Reise Know-How Verlag Peter Rump GmbH
ist Mitglied der Verlagsgruppe

REISE KNOW-HOW

Kauderwelsch

Italienisch für Opernfans

Michael Blümke

Kauderwelsch Band 107
Italienisch für Opernfans
von Michael Blümke

Reise Know-How Verlag Peter Rump GmbH
Hauptstraße 198
D-33647 Bielefeld (Brackwede)

1. Auflage 1996
ISBN 3-89416-311-9 (Paperback, DM 14.80)
ISBN 3-89416-888-9 (Hardcover, DM 26.80)

Umschlagabbildung: Andreas Dorfey

Zeichnungen: Honoré Daumier (Grammatik), Stefan Theurer (Opern-Alltag)

Gestaltung: Michael Blümke

Druck & Bindung: Fuldaer Verlagsanstalt GmbH, Fulda

PRINTED IN GERMANY

Inhalt

Kauderwelsch-Sprechführer sind anders!

Warum? Weil sie Sie in die Lage versetzen, wirklich zu sprechen und die Leute zu verstehen.

Wie wird das gemacht? Abgesehen von dem, was jedes Sprachbuch bietet, nämlich Vokabeln, Beispielsätze etc., zeichnen sich die Bände der Kauderwelsch-Reihe durch folgende Besonderheiten aus.

Die **Grammatik** wird in einfacher Sprache so weit erklärt, daß es möglich wird, ohne viel Paukerei mit dem Sprechen zu beginnen, wenn auch nicht gerade druckreif.

Alle Beispielsätze werden doppelt ins Deutsche übertragen: zum einen **Wort-für-Wort,** zum anderen in "ordentliches" Hochdeutsch. So wird das fremde Sprachsystem sehr gut durchschaubar. Denn in einer fremden Sprache unterscheiden sich z. B. Satzbau und Ausdrucksweise recht stark vom Deutschen. Ohne diese Übersetzungsart ist es so gut wie unmöglich, schnell einzelne Wörter in einem Satz auszutauschen.

Die **Autorinnen** und **Autoren** der Reihe sind Globetrotter, die die Sprache im Land selbst gelernt haben. Sie wissen daher genau, wie und was die einfachen Leute auf der Straße sprechen. Deren Ausdrucksweise ist nämlich häufig viel einfacher und direkter als z. B. die Sprache der Literatur.

Besonders wichtig sind im Reiseland die **Körpersprache, Gesten, Zeichen und Verhaltensregeln,** ohne die auch Sprachkundige kaum mit Menschen in guten Kontakt kommen. In allen Bänden der Reihe wird darum besonders auf diese Art der nonverbalen Kommunikation eingegangen.

Kauderwelsch-Sprachführer sind keine Lehrbücher, aber viel mehr als Sprachführer! Wenn Sie ein wenig Zeit investieren und einige Vokabeln lernen, werden Sie mit ihrer Hilfe in kürzester Zeit Informationen bekommen und Erfahrungen machen, die "taubstummen" Reisenden verborgen bleiben.

Zum Geleit

"Ist Opern-Italienisch denn wirklich so etwas Besonderes?" werden Sie vielleicht fragen. Ja und nein. Natürlich ist Opern-Italienisch in erster Linie Italienisch, aber es ist "altes" Italienisch, die Sprache des 18. & 19. Jahrhunderts nämlich. Daß sich da in der Zwischenzeit einige Veränderungen ergeben haben, ist sicher leicht nachzuvollziehen. Besonders die Wortwahl ist heute eine andere. Andererseits mußten sich die Textbuchautoren auch des Reimes oder des Sprachrhythmus wegen die eine oder andere Freiheit - besonders im Umgang mit der Satzstellung - herausnehmen.

All das führt dazu, daß man die in den Opern gesungenen Texte nicht immer so ohne weiteres entschlüsseln kann. (Und Sie dachten schon, es wäre immer die Schuld der Sänger!) Doch Sie halten das richtige Buch in Händen, um dem abzuhelfen. Ich wünsche Ihnen viel Spaß - **buon divertimento** - auf unserer Reise durch das **italiano operistico**!

Vorwort

Wohl jeder Opernfan kennt Arienanfänge wie **"La donna è mobile"** oder **"E lucevan le stelle"** und verfügt damit schon, ohne sich dessen vielleicht bewußt zu sein, über eine ganze Menge verwertbarer Italienisch-Kenntnisse. Verwerten wir sie also gewinnbringend und machen wir uns damit den Zugang zur schönsten Sprache der Welt so einfach wie möglich. Denn wenn man den Text einer Arie ohnehin schon mehr oder weniger gut kennt, ist es bis zum völligen Verständnis nur noch ein kleiner Schritt.

Ich habe versucht, bei den Zitaten - soweit möglich - nur auf die Werke des Standard-Repertoires, die wahren Klassiker also, zurückzugreifen, wobei Verdi, Puccini und Mozart verständlicherweise der Löwenanteil zufällt.

Im Grammatikteil werden die wichtigsten Regeln und Formen vorgestellt und durch kurze Beispiele aus verschiedenen Opern veranschaulicht. In den Kapiteln des "Opern-Alltag" betitelten zweiten Teils, denen jeweils eine Situation wie "Essen & Trinken"/"Leidenschaften"/"Krank sein" usw. zugeordnet ist, finden sich dann zum Teil auch längere Passagen aus den Libretti, die mit Wortschatz und Formulierungen aus den entsprechenden Bereichen vertraut machen.

Als äußerst hilfreich beim Erfassen sowohl der grammatischen Strukturen als auch der typisch italienischen Denkweise wird sich die Wort-für-Wort-Übersetzung erweisen. Sie vermittelt, wie der Name schon sagt, ein "originalgetreues" Abbild des Italienischen, ohne stets Rücksicht auf gutes und korrektes (oder auch sinnvolles) Deutsch zu nehmen. Jedem italienischen Wort entspricht ein deutsches. Sollten für die deutsche Übersetzung zwei Wörter notwendig sein, werden diese durch einen Bindestrich verbunden, z.B.

Un tal gioco, credetemi
ein solch Spiel glaubt-mir
Glaubt mir, so ein Spiel ...
(Canio: **"Pagliacci"**)

Oft kann man vom gebeugten deutschen Tätigkeitswort (Verb) nicht eindeutig auf die handelnde Person schließen. In diesem Fall ist in der Wort-für-Wort-Übersetzung das persönliche Fürwort, das in der italienischen Verbform ja bereits enthalten ist, in Klammern ergänzt:

Non so più cosa son, cosa faccio
nicht (ich-)weiß mehr Sache (ich-)bin Sache (ich-)mache
Ich weiß nicht mehr, was ich bin, was ich tue
(Cherubino: **"Le nozze di Figaro"**)

Die "richtige" Übersetzung entstammt meiner Feder und entspricht nicht den an den Bühnen verwendeten deutschen Versionen der Werke, da sich diese wegen der erforderlichen Singbarkeit oft weit vom Sinn entfernen. Nur bei einigen wenigen, allzu bekannten Textzeilen habe ich diese Form gewählt, sie dann jedoch in Anführungszeichen gesetzt:

La donna è mobile
die Frau ist unbeständig
"Oh, wie so trügerisch"
(Duca: **"Rigoletto"**)

Aussprache und Betonung

Die richtige Aussprache stellt im Italienischen kein besonderes Problem dar. Etwas gewöhnungsbedürftig sind lediglich das **c** und das **g**. Vor **a**, **o** und **u** wird **c** wie dt. k und **g** wie dt. g gesprochen, also:

ca	in **cavatina** (Kavatine)
co	in **coro** (Chor)
cu	in **cuffia** (Kopfhörer)
ga	in **"La gazza ladra"** ("Die diebische Elster")
go	in **"La donna del lago"** ("Die Frau vom See")
gu	in **"Guglielmo Tell"** ("Wilhelm Tell")

Vor **e** und **i** klingt das **c** wie tsch im Deutschen, das **g** wie dsch:

ce	in **"La Cenerentola"** ("Aschenputtel")
ci	in **recitativo** (Rezitativ)
ge	in **"L'italiana in Algeri"** ("Die Italienerin in Algier")
gi	in **giradischi** (Plattenspieler)

Soll das **c** bzw. das **g** auch vor **a**, **o** oder **u** wie tsch bzw. dsch gesprochen werden, so wird ein - nicht gesprochenes - **i** eingefügt:

cia	in **ciarda** (Csárdás)
cio	in **"Lucio Silla"**
ciu	in **"La fanciulla del West"** ("Das Mädchen a. d. goldenen Westen")
gia	in **"Lucrezia Borgia"**
gio	in **"Don Giovanni"**
giu	in **Giuseppe Verdi**

Soll hingegen das **c** bzw. das **g** auch vor **e** oder **i** wie dt. k bzw. g gesprochen werden, fügt man ein - ebenfalls nicht zu hörendes - **h** ein:

che	in **"Un ballo in maschera"** ("Ein Maskenball")
chi	in **chitarra** (Gitarre)
ghe	in **Giorgio Federico Ghedini**
ghi	in **Antonio Ghislanzoni**

Ansonsten sind noch folgende Buchstaben(kombinationen) zu beachten:

ai **eu** **ie**	immer getrennt gesprochen: in **"Aida"** in **"Orfeo ed Euridice"** in **"Il barbiere di Siviglia"**
gl	gesprochen wie lj, in **Beniamino Gigli**
gn	gesprochen wie nj, in **Pietro Mascagni**
h	ist immer stumm, wird also nicht gesprochen, vergleiche auch "Die Hugenotten" - **"Gli ugonotti"**
qu	klingt im Italienischen nicht wie kw, sondern eher wie ku, in **quartetto** (Quartett)
r	ist stets ein gerolltes Zungen-r, in **"Rigoletto"**
st	ist wirklich ein st und kein scht, in **Stradivari**
v	gesproche wie w, in **violino** (Geige)
z	weicher als im Deutschen, eher wie ds, in **"Le nozze di Figaro"** ("Figaros Hochzeit")

Noch ein Wort zur Betonung: Normalerweise liegt die Betonung im Italienischen auf der vorletzten Silbe (**"Il trovatore"**). Bei Wörtern, die diese Regel durchbrechen, habe ich den zu betonenden Vokal unterstrichen (**"La Cenerentola"**). Wörter, deren Hauptton auf der letzten Silbe liegt, tragen ohnehin einen Akzent (**"Così fan tutte"**).

Hauptwörter und Artikel

Einzahl (Singular)

Man unterscheidet im Italienischen nur zwischen männlich (m) und weiblich (w). Ein sächliches Geschlecht wie im Deutschen gibt es nicht. Hauptwörter, die auf **-o** enden, sind in der Regel männlich; sie haben in der Einzahl den Artikel **il**. Bei den auf **-a** endenden Hauptwörtern handelt es sich meist um weibliche Substantive, deren Artikel **la** lautet:

il teatro (das Theater)
il biglietto (die Eintrittskarte)
il libretto (das Textbuch)

la musica (die Musik)
la sinfonia (die Ouvertüre)
la chitarra (die Gitarre)

oder, um gleich ein paar Operntitel aufzuführen:

"Il tabarro" ("Der Mantel")
"Il turco in Italia"
("Der Türke in Italien")

"La favorita" ("Die Favoritin")
"La fanciulla del West"
("Das Mädchen aus dem goldenen Westen")

Neben den auf **-o** und **-a** endenden Hauptwörtern existiert noch eine dritte Gruppe, die auf **-e** endet. Diese Substantive können männlich oder weiblich sein und nehmen dementsprechend **il** oder **la** als Artikel an. Bei Personen entscheidet das natürliche Geschlecht.

il cantante (der Sänger)
il compositore (der Komponist)
il pianoforte (das Klavier)

la cantante (die Sängerin)
la composizione (die Komposition)
la voce (die Stimme)

"Il barbiere di Siviglia"
("Der Barbier von Sevilla")

"La rondine"
("Die Schwalbe")

Ist der erste Buchstabe des Hauptwortes (egal ob männlich oder weiblich) ein Selbstlaut, verkürzt sich der Artikel zu **l'**:

l'atto (der Akt)
l'argomento (die Handlung)
l'organo (die Orgel)
l'interprete (der Darsteller)
l'editore (der Verleger)

l'opera (die Oper)
l'orchestra (das Orchester)
l'arpa (die Harfe)
l'interprete (die Darstellerin)
l'azione (die Handlung)

"L'assedio di Corinto"
("Die Belagerung von Korinth")

"L'italiana in Algeri"
("Die Italienerin in Algier")

Schließlich benutzt eine kleine Gruppe männlicher Hauptwörter den Artikel **lo**. Diese Substantive beginnen entweder mit einem **z** oder mit einem **s** + Konsonant:

lo spartito (der Klavierauszug)

lo zufolo (die Hirtenflöte)

"Lo sposo deluso"
("Der getäuschte Bräutigam")

"Lo zingaro barone"
("Der Zigeunerbaron")

Jetzt werden Sie sich vielleicht fragen, ob Vincenzo Bellini seine Muttersprache denn so schlecht beherrschte, daß er seine Oper **"Il pirata"** nannte, also ein auf **-a** endendes Substantiv mit dem Artikel **il** kombinierte. Keine Sorge, der Pirat gehört, wie einige andere Wörter auch, zu einer Gruppe aus dem Griechischen übernommener Wörter, die zwar auf **-a** enden, aber dennoch männlich sind und deshalb auch den Artikel **il** bekommen. Hier nur zwei Beispiele:

il musicista (der Musiker)

il librettista (der Textdichter)

Mehrzahl (Plural)

Die auf männliche Hauptwörter hinweisende Endung **-o** wird in der Mehrzahl zu **-i**, das bei weiblichen Substantiven auftauchende **-a** zu **-e**. Der männliche Pluralartikel lautet **i**, der weibliche **le**.

i teatri (die Theater) **i biglietti** (die Eintrittskarten)	**le sinfonie** (die Ouvertüren) **le chitarre** (die Gitarren)
"I puritani" ("Die Puritaner")	**"Le donne curiose"** ("Die neugierigen Frauen")

Bei auf Selbstlaut beginnenden Substantiven heißt der männliche Artikel **gli**, der weibliche -wie oben- **le**.

gli atti (die Akte) **gli organi** (die Orgeln)	**le opere** (die Opern) **le arpe** (die Harfen)
"Gli ugonotti" ("Die Hugenotten")	**"Le astuzie femminili"** ("Weiberlist")

Die Hauptwörter auf **-e** enden im Plural auf **-i**, egal ob sie männlich oder weiblich sind. Für die Artikel gilt das oben Gesagte (also **i/gli** bzw. **le**).

i cantanti (die Sänger) **i pianoforti** (die Klaviere)	**le cantanti** (die Sängerinnen) **le voci** (die Stimmen)
"I masnadieri" ("Die Räuber")	**"Le pescatrici"** ("Die Fischerinnen")

Die Hauptwörter, die in der Einzahl den Artikel **lo** haben, erhalten in der Mehrzahl **gli**.

gli spartiti (die Klavierauszüge)	**gli zufoli** (die Hirtenflöten)

Besitzanzeigende Fürwörter

Auch "den Besitz anzuzeigen" ist im Italienischen alles andere als schwierig. Man benötigt dazu lediglich den Artikel und das, selbstverständlich an das nachfolgende Hauptwort (eben den "Besitz") angeglichene, Fürwort:

il mio/la mia	mein(e)	und in der	**i miei/le mie**
il tuo/la tua	dein(e)	Mehrzahl:	**i tuoi/le tue**
il suo/la sua	sein(e), ihr(e)		**i suoi/le sue**
il nostro/la nostra	unser(e)		**i nostri/le nostre**
il vostro/la vostra	euer(e)		**i vostri/le vostre**
il loro/la loro	ihr(e)		**i loro/le loro**

Zwei Stücke aus Mozart-Opern sollen uns das gleich verdeutlichen:

La mia Dorabella capace non è
die meine Dorabella fähig nicht ist
Meine Dorabella ist dazu nicht fähig
(Ferrando: **"Così fan tutte"**)

Il mio tesoro intanto
der mein Schatz unterdessen
Meine Liebste unterdessen
(Don Ottavio: **"Don Giovanni"**)

Puccinis Mimì präsentiert gleich zu Beginn ihrer Arie im 1. Akt der **"Bohème"** diese beiden Formen:

Sì, mi chiamano Mimì, ma il mio nome è Lucia.
ja mich (sie-)nennen Mimì aber der mein Name ist Lucia
Ja, man nennt mich Mimi, aber mein Name ist Lucia.

La storia mia è breve.
die Geschichte meine ist kurz
Meine Geschichte ist kurz.

Wieder sehen wir, daß in der Oper (fast) alles möglich ist und der Librettist das besitzanzeigende Fürwort natürlich auch hinter das Hauptwort stellen kann (**la storia mia è breve**) oder nach Belieben den Artikel weglassen darf - oder beides zusammen:

O figli, o figli miei!
oh Söhne oh Söhne meine
Oh Kinder, oh meine Kinder!
(Macduff: **"Macbeth"**)

Donne mie, la fate a tanti
Frauen meine sie (ihr-)macht zu viele
Ihr Frauen, so macht ihr's mit allen
(Guglielmo: **"Così fan tutte"**)

Hinweisende Fürwörter

Auch die hinweisenden Fürwörter (Demonstrativpronomina) stimmen in Geschlecht und Zahl mit dem dazugehörigen Hauptwort überein. Sie stehen immer vor dem Substantiv - selbst in Opernlibretti!

questo/questa	dieser, diese, dieses (Einzahl, m/w)
questi/queste	diese (Mehrzahl, m/w)

oder, für Gegenstände, die sich nicht in unmittelbarer Nähe befinden:

quel*/quella	dieser, diese, dieses dort/jener, jene, jenes (EZ, m/w)
quei*/quelle	diese dort/jene (MZ, m/w)

* Die männlichen Formen tanzen hier ein wenig aus der Reihe, sie richten sich nach dem bestimmten Artikel des nachfolgenden Hauptwortes, also:

quel	bei Artikel **il**
quello	bei Artikel **lo**
quell'	bei Artikel **l'**
quei	bei Artikel **i**
quegli	bei Artikel **gli**

In der Einzahl verlieren die hinweisenden Fürwörter oft den Endvokal und bekommen stattdessen einen Apostroph, wenn das nachfolgende Hauptwort mit einem Selbstlaut beginnt: **quest' - quell'**.

Deh, per questo istante solo
ach für diesen Augenblick nur
Ach, für diesen Augenblick nur
(Sesto: **"La clemenza di Tito"**)

In questa reggia
in diese Palast
In diesem Palast
(Turandot: **"Turandot"**)

Prenderò quel brunettino
(ich-)nehmen-werde jener Brünettchen
Ich nehme den Brünetten
(Fiordiligi/Dorabella: **"Così fan tutte"**)

Mi tradì quell'alma ingrata
mich verriet jene'Seele undankbare
Dieser Undankbare hat mich verraten
(Donna Elvira: **"Don Giovanni"**)

Aprite un po' quegli occhi
öffnet ein bißchen jene Augen
Öffnet doch eure Augen
(Figaro: **"Le nozze di Figaro"**)

Questa o quella
diese oder jene
Diese oder eine andere
(Duca: **"Rigoletto"**)

In quelle trine morbide
in jenen Spitzen weichen
In diesen weichen Spitzen
(Manon: **"Manon Lescaut"**)

Eigenschaftswörter (Adjektive)

Eigenschaftswörter richten sich in Geschlecht (männlich/weiblich) und Zahl (Einzahl/Mehrzahl) stets nach dem Hauptwort, auf das sie sich beziehen. So bekommen männliche Adjektive in der Regel die Endung **-o**, weibliche ein **-a**.

Caro nome
teuer Name
Teurer Name
(Gilda: **"Rigoletto"**)

Casta diva
keusche Göttin
Keusche Göttin
(Norma: **"Norma"**)

O mio babbino caro
oh mein Papachen teurer
Oh lieber Papa
(Lauretta: **"Gianni Schicchi"**)

Una furtiva lagrima
eine heimliche Träne
Eine heimliche Träne
(Nemorino: **"L'elisir d'amore"**)

Firenze è come un albero fiorito
Florenz ist wie ein Baum blühender
Florenz ist wie ein blühender Baum
(Rinuccio: **"Gianni Schicchi"**)

Che gelida manina
was eisige Händchen
"Wie eiskalt ist dies Händchen"
(Rodolfo: **"La Bohème"**)

Normalerweise stehen sie nach dem Hauptwort, doch sind Eigenschaftswörter in Arientexten oft so betont oder hervorgehoben, daß der Librettist sie davor plaziert (was häufig natürlich auch einfach nur des Sprachrhythmus wegen passiert).

Endet ein Adjektiv auf **-e**, kann es männlich und weiblich sein:

Soave sia il vento
süß sei der Wind
Weich sei der Wind
(Terzetto: **"Così fan tutte"**)

O soave fanciulla
oh süße Mädchen
Oh süßes Mädchen
(Mimì/Rodolfo: **"La Bohème"**)

La donna è mobile
die Frau ist unbeständig
"Ach wie so trügerisch"
(Duca: **"Rigoletto"**)

In der Mehrzahl verändern sich die Eigenschaftswörter nach denselben Regeln, die auch für die Hauptwörter gelten:

a → e	**o → i**	**e → i**

I vespri siciliani
die Vespern sizilianische
"Die Sizilianische Vesper"

Casta diva che inargenti queste sacre antiche piante
keusche Göttin die versilbert diese heilige alte Pflanzen
Keusche Göttin, die diese heiligen alten Pflanzen versilbert
(Norma: **"Norma"**)

In seiner Arie im 1. Akt von Puccinis **"Manon Lescaut"** singt Des Grieux:

Tra voi, belle, brune e bionde,
zwischen euch schöne braune und blonde
Versteckt sich unter euch Hübschen,

si nasconde giovinetta vaga, vezzosa,
sich versteckt Mädchen-lein lieblich reizend
Brünetten, Blonden ein süßes, nettes Mädchen

dal labbro rosa che m'aspetta? Sei tu quella, - bionda stella?
vom Lippe rosa daß mich'erwartet bist du jene blonde Stern
mit rosigen Lippen, das auf mich wartet? Bist du es, blonder Stern?

Da er sich zu Beginn an mehrere junge Damen wendet, enden die Eigenschaftswörter folglich auf **-e** (**belle**, **brune**, **bionde**), wenn er dann im weiteren Verlauf von EINEM möglicherweise seiner harrenden Mädchen singt, tragen die Adjektive die Endung **-a** (**vaga**, **vezzosa**, **bionda**).

Von **rosa** (**dal labbro rosa**) existiert nur diese eine Form, die nicht verändert bzw. angeglichen wird; selbes gilt auch für **arancione** (orange), **blu** (blau) und **viola** (violett).

Einige andere, nicht nur für Opern nützliche Eigenschaftswörter:

buono	gut	**cattivo**	schlecht
grande	groß	**piccolo**	klein
nuovo/giovane	neu/jung	**vecchio**	alt
lungo	lang	**corto**	kurz
bello	schön	**brutto**	häßlich
interessante	interessant	**noioso**	langweilig
a buon mercato	billig	**caro**	teuer
simpatico	sympatisch	**antipatico**	unsympatisch
veloce	schnell	**lento**	langsam
caldo	warm	**freddo**	kalt
facile	einfach	**difficile**	schwierig
ricco	reich	**povero**	arm
forte	stark	**debole**	schwach
intelligente	klug	**stupido**	dumm
vero	wahr	**falso**	falsch
bianco	weiß	**giallo**	gelb
rosso	rot	**verde**	grün
blu	blau	**marrone**	braun
grigio	grau	**nero**	schwarz
chiaro	hell	**scuro**	dunkel

Steigern und Vergleichen

Hierzu braucht man eigentlich nur das Wörtchen **più** (=mehr), und schon kann's losgehen. Wie singt doch Fiordiligi zu Beginn der zweiten Szene des 1. Aktes (**"Così fan tutte"**), als sie Dorabella ein Bildnis ihres geliebten Guglielmo zeigt?

Ah, guarda, sorella, se bocca più bella,
ah schau Schwester ob Mund mehr schön
Schau doch, Schwesterherz, ob man einen schöneren Mund,

se aspetto più nobile si può ritrovar.
ob Aussehen mehr edel man kann finden
ein edleres Aussehen finden kann.

Man stellt also **più** vor das Eigenschaftswort - und schon ist es gesteigert:

bella	→	**più bella**	schön	→	schöner
nobile	→	**più nobile**	edel	→	edler

Wird nun noch der Artikel davorgestellt, erhält man den Superlativ. Manon Lescaut meint im 2. Akt von Puccinis Oper:

Oh, sarò la più bella!
oh (ich-)sein-werde die mehr schöne
Ja, ich werde die Schönste sein!

Oder nehmen wir, um bei Puccini zu bleiben, eine Passage aus dem 2. Akt von **"Tosca"**, als Scarpia Tosca gerade einen Passierschein ausstellt:

S: **E qual via sceglíete?**
und welch Weg (ihr-)wählt
Und welchen Weg nehmt Ihr?

T: **La più breve.**
die mehr kurze
Den kürzesten.

S: **Civitavecchia?**

T: **Sì.**

Persönliche Fürwörter

Da die italienischen Verbformen die handelnde Person bereits "in sich tragen", dienen die persönlichen Fürwörter vor allem der Betonung bzw. Hervorhebung oder der Vermeidung von Mißverständnissen.

io	ich	**noi**	wir
tu	du	**voi**	ihr
lui/lei	er/sie	**loro**	sie

Doch was wäre Opern-Italienisch ohne einige spezielle Formen? Recht häufig tauchen in den Libretti die Formen "**egli/ella**" (er/sie) auf, so auch in Verdis **"Rigoletto"**:

Pari siamo! ... Io la lingua, egli ha il pugnale.
gleich (wir-)sind ich die Zunge er hat der Dolch
Wir sind uns gleich! Ich habe meine Zunge, er seinen Dolch.
(Rigoletto)

Ella mi fu rapita.
sie mir war geraubt
Sie wurde mir entrissen.
(Duca)

Ja, um den Hörer völlig zu verwirren, wird mitunter auch noch auf "**(d)esso/(d)essa**" (ebenfalls: er/sie) zurückgegriffen! Zwei Szenen aus einer anderen Verdi-Oper, **"Don Carlo"**, beginnen damit:

È lui! Desso! L'infante!
(es-)ist er er der'Infant
Er ist es! Er! Der Infant!
(2. Akt: Posa)

È dessa!
(es-)ist sie
Sie ist es!
(5. Akt: Carlo)

Tätigkeitswörter (Verben)

Viele scheuen sich, die Tätigkeitswörter in Angriff zu nehmen, weil sie dieses Kapitel für allzu komplex und schwierig halten. Alles halb so schlimm, wie wir gleich sehen werden!

Es gibt drei Gruppen regelmäßiger Tätigkeitswörter im Italienischen - man erkennt sie an der Endung **-are**, **-ere** oder **-ire**.

Bevor wir uns die Beugung dieser Verben etwas genauer ansehen, zuerst zwei Arien: eine aus Cimarosas **"Il matrimonio segreto"**, die andere aus **"Il barbiere di Siviglia"**:

D. Cimarosa, **"Il matrimonio segreto"**, 1. Akt, 5. Szene - Fidalma

È vero che in casa io son la padrona,
(es-)ist wahr daß in Haus ich bin die Herrin
Es ist wahr, daß ich die Herrin im Haus bin,

che m'ama il fratello, che ognuno m'onora,
daß mich'liebt der Bruder daß jeder mich'ehrt
daß mein Bruder mich liebt, daß jeder mich ehrt,

è vero ch'io godo la mia libertà.
(es-)ist wahr daß'ich genieße die meine Freiheit
es ist wahr, daß ich meine Freiheit genieße.

Ma con un marito, via, meglio si sta.
aber mit ein Ehemann weg besser man ist
Doch mit einem Mann ist man besser dran.

G. Rossini, **"Il barbiere di Siviglia"**, 2. Akt, 6. Szene - Berta

Il vecchiotto cerca moglie, vuol marito la ragazza;
der Alterchen sucht Ehefrau will Ehemann das Mädchen
Der Alte sucht 'ne Frau, das Mädchen will 'nen Mann;

questo freme, quella è pazza. Tutti e due son da legar.
dieser zittert jene ist verrückt alle und zwei sind von binden
er erzittert, sie ist verrückt. Beide gehören festgebunden.

Ma che cosa è questo amore che fa tutti delirar?
aber was Sache ist dieser Liebe daß macht alle delirieren
Was ist nur diese Liebe, die alle ins Delirium stürzt?

Egli è un male universale, una smania, un pizzicore ...
er ist ein Übel universell eine Unruhe ein Kribbeln
Sie ist ein allumfassendes Übel, ein Wahn, ein Kribbeln ...

un solletico, un tormento ...
ein Kitzel ein Qual
ein Kitzel, eine Qual ...

Poverina, anch'io lo sento, ne so come finirà.
Armelein auch'ich ihn fühle nicht (ich-)weiß wie enden-wird
Auch ich Ärmste fühle sie und weiß nicht, wie es enden wird.

Oh! vecchiaia maledetta! ... Son da tutti disprezzata
oh Alter verfluchte bin von alle verachtete
Ach, verfluchtes Alter! ... Von allen verachtet

e vecchietta disperata mi convien così crepar.
und Altechen verzweifelte mich nötig-ist so krepieren
muß ich als verzweifelte Alte sterben.

Diese zwei Arien bieten uns eine Menge Beispiele für regelmäßige (und, wie wir im nächsten Kapitel sehen werden, auch einige unregelmäßige) Verben aus jeder der drei Konjugationsgruppen:

-are	-ere	-ire
amare (lieben) **onorare** (ehren) **cercare** (suchen)	**godere** (genießen) **fremere** (zittern)	**sentire** (fühlen) **finire** (aufhören)

Was macht man nun damit? - Man trennt die Endung (**-are/-ere/-ire**) von der Grundform (Infinitiv) ab und hängt an den so erhaltenen Stamm die entsprechende, in der Tabelle unten aufgeführte Personalendung an. Die persönlichen Fürwörter braucht man im Italienischen nicht, da jede Form eine eigene Endung hat und somit klar ist, von wem die Rede ist. Nur wenn die Person besonders betont oder hervorgehoben oder ein Mißverständnis vermieden werden soll, setzt man die Personalpronomina.

	amare	**godere**	**sentire***
io (ich)	**am-o**	**god-o**	**sent-o**
tu (du)	**am-i**	**god-i**	**sent-i**
lui/lei (er/sie)	**am-a**	**god-e**	**sent-e**
noi (wir)	**am-iamo**	**god-iamo**	**sent-iamo**
voi (ihr)	**am-ate**	**god-ete**	**sent-ite**
loro (sie)	**am-ano**	**god-ono**	**sent-ono**

*Eine Sonderstellung nehmen die Tätigkeitswörter auf **-ire** ein, da ein großer Teil von ihnen zwischen Stamm und Endung ein **-isc** einfügt (mit Ausnahme der 1. und 2. Person Mehrzahl). Bei welchen Verben dies der Fall ist, kann man nicht einfach so erkennen, am besten man prägt sich bei dieser Gruppe immer gleich die erste Person Einzahl mit ein. Zur Veranschaulichung hier noch **finire** (aufhören):

fin-isc-o, fin-isc-i, fin-isc-e, fin-iamo, fin-ite, fin-isc-ono

Die Höflichkeitsform bildet man mit der 3. Person, also **Lei**, wenn man sich an eine einzelne Person wendet, **Loro** bei mehreren Personen. In Opern hört man meistens **Voi** für die Höflichkeitsform in der Einzahl - so wie man ja auch im Deutschen früher "Ihr" verwendete. Im heutigen Italienisch benutzt man **voi** auch als Synonym für **Loro**, also als Höflichkeitsform in der Mehrzahl.

Zum Abschluß dieses Kapitels noch eine Szene aus dem letzten Akt von **"Manon Lescaut"**, in der wir auf viele regelmäßige Gegenwartsformen stoßen. Kurz vor dem Tod der Titelheldin singt Des Grieux:

Manon ... senti, amor mio ... non mi rispondi, amore?
Manon höre Liebe mein nicht mir (du-)antwortest Liebe
Manon ... höre, mein Liebling ... du antwortest mir nicht, Liebling?

Vedi, son io che piango ... vedi, son io che imploro ...
(du-)siehst bin ich daß (ich-)weine (du-)siehst bin ich daß (ich-)flehe
Siehst du, ich bin es, der weint ... siehst du, ich bin es, der fleht ...

io che carezzo e bacio i tuoi capelli d'oro!
ich daß liebkose und küsse die deine Haare von'Gold
ich, der dein goldenes Haar streichelt und küßt!

Unregelmäßige Verben

Unsere beiden Arien weisen jedoch nicht nur regelmäßige Verben auf, sondern liefern uns auch einige andere, unregelmäßige Formen, so auch von einem der wichtigsten Tätigkeitswörter:

essere (sein)	
(io) sono	**(noi) siamo**
(tu) sei	**(voi) siete**
(lui/lei) è	**(loro) sono**

Und wo **essere** ist, darf **avere** (haben) natürlich nicht fehlen. Gleich drei Arienanfänge aus **"Idomeneo"** verwenden die erste Person Einzahl:

Non ho colpa, e mi condanni
nicht (ich-)habe Schuld und mich (du-)verurteilst
Ich bin schuldlos und doch verurteilst du mich (Idamante)

Fuor del mar ho un mar in seno
draußen vom Meer (ich-)habe ein Meer in Brust
Auch außerhalb des Meeres habe ich ein Meer in meiner Brust (Idomeneo)

D'Oreste e d'Aiace ho in seno i tormenti
von'Orest und von'Ajax (ich-)habe in Brust die Qualen
Orests und Ajax' Qualen spüre ich in meiner Brust (Elettra)

avere (haben)	
(io) ho	**(noi) abbiamo**
(tu) hai	**(voi) avete**
(lui/lei) ha	**(loro) hanno**

Cherubinos beide Arien in **"Le nozze di Figaro"** weisen neben diesen zwei Verben gleich noch ein weiteres wichtiges auf:

sapere (wissen)	
(io) so	**(noi) sappiamo**
(tu) sai	**(voi) sapete**
(lui/lei) sa	**(loro) sanno**

Non so più cosa son, cosa faccio
nicht (ich-)weiß mehr Sache (ich-)bin Sache (ich-)mache
Ich weiß nicht mehr, was ich bin, was ich tue

Voi che sapete che cosa è amor, donne, vedete s'io l'ho nel cor.
ihr daß wißt was Sache ist Liebe Frauen seht ob'ich es'habe im Herz
Ihr Frauen, die ihr wißt, was Liebe ist, seht nach, ob ich sie im Herzen habe.

Auch **fare** (machen) wird sowohl in der ersten dieser beiden Cherubino-Arien als auch in Donna Elviras großer Szene im zweiten Akt von **"Don Giovanni"** eingeführt:

Mi tradì quell'alma ingrata: infelice, oh Dio, mi fa.
mich verriet jene'Seele undankbare unglücklich oh Gott mich (er-)macht
Dieser Undankbare hat mich verraten und macht mich unglücklich.

fare (machen)	
(io) faccio	**(noi) facciamo**
(tu) fai	**(voi) fate**
(lui/lei) fa	**(loro) fanno**

Modalverben

Bevor wir uns die anderen Zeiten ansehen, werfen wir erst noch einen Blick auf die sogenannten Modalverben: Tätigkeitswörter, die üblicherweise zusammen mit einem anderen -ihnen nachgestellten- Verb auftreten, das dann nicht gebeugt wird, also in der Grundform steht. (Natürlich wird in Opernlibretti die Regel "zuerst das Modalverb" nicht immer eingehalten.)

Neben dem bereits bekannten **sapere** (wissen oder können - im Sinne von: eine Fähigkeit/ein Talent haben) sind dies:

potere (können, dürfen)	**volere** (wollen)	**dovere** (müssen, sollen)
posso	**voglio**	**devo***
puoi	**vuoi**	**devi**
può	**vuole**	**deve**
possiamo	**vogliamo**	**dobbiamo**
potete	**volete**	**dovete**
possono	**vogliono**	**devono**

* In Opern hört man oft auch **debbo** bzw. **deggio**.

Manon Lescaut singt am Ende ihrer Arie im letzten Akt:

Non voglio morir!
nicht (ich-)will sterben
Ich will nicht sterben!

Timur fragt seinen Sohn Kalaf nach dem Todesschrei des gerade enthaupteten Prinzen von Persien (**"Turandot"**):

Vuoi morire così?
(du-)willst sterben so
Willst du so sterben?

Und wie singt Gianni Schicchis Tochter Lauretta so herzerweichend?

O mio babbino caro, mi piace, è bello, bello.
oh mein Papachen teurer mir (er-)gefällt (er-)ist schön schön
Oh lieber Papa, er gefällt mir, er ist wunderschön.

Vo'* andare in Porta Rossa a comperar l'anello. (* vo' = voglio)
(ich-)will gehen in Porta Rossa zu kaufen der'Ring
Ich will zur Porta Rossa gehen, um den Ring zu kaufen.

Sì, sì, ci voglio andare!
ja, ja, dorthin (ich-)will gehen
Ja, da will ich hingehen!

Einige andere Ausschnitte, die wir jetzt ohne weiteres verstehen:

Sempre libera degg'io* ... (* degg'io = deggio io)
immer frei muß-ich ...
Immer frei muß ich ...

... a diletti sempre nuovi dee* volar il mio pensier. (* dee = deve)
... zu Vergnügen immer neue muß fliegen der mein Gedanke
... zu immer neuen Vergnügungen müssen meine Gedanken fliegen.
(Violetta: **"La Traviata"**)

Ah! perché non posso odiarti
ach warum nicht (ich-)kann hassen-dich
Ach, warum kann ich dich nicht hassen
(Elvino: **"La sonnambula"**)

Le ricchezze ed il grado fastoso
die Reichtümer und der Rang prunkvoll
Die Reichtümer und mein prunkvoller Stand

non mi possono il core cangiar.
nicht mir können der Herz ändern
können mein Herz nicht verändern.

Celar deggio il mio duolo affannoso
verbergen (ich-)muß der mein Schmerz quälend
Meinen quälenden Schmerz muß ich verbergen

e quest'alma ad ognora ingannar.
und diese'Seele zu immer täuschen
und die Seele auf immer täuschen.
(Maria: **"La figlia del reggimento"**)

Mit Hilfe dieser Modalverben kann man sich auch geschickt aus der Affäre ziehen, wenn man sich nicht sicher ist, wie ein Verb gebeugt (konjugiert) wird. Denn ob ich nun mit Lauretta sage: "Ich gehe zur Porta Rossa." oder "Ich will/muß zur Porta Rossa gehen." macht eigentlich nicht viel Unterschied, oder?

Befehlsform (Imperativ)

Besonders gern werden in Opern Befehle und Anordnungen gegeben oder die Liebsten zu irgendwelchen Handlungen aufgefordert. Da der Imperativ nach sehr einfachen Regeln funktioniert, bietet er keine nennenswerten Schwierigkeiten. Die 1. und 2. Person Mehrzahl ("wir" bzw. "ihr") sind ohnehin mit den ganz normalen Gegenwarts-Formen identisch, sodaß wir nur einen Blick auf die 2. Person Einzahl ("du") sowie die 3. Person (Einzahl + Mehrzahl) werfen müssen. Ach, ich vergaß: Die Verben auf **-ere** und die auf **-ire** haben in der Befehlsform die gleichen Endungen. Einfacher geht's wirklich kaum ...

Hören wir uns zur Veranschaulichung der "du"-Form ein bißchen in Puccinis **"Turandot"** um:

Signore, ascolta!
Herr höre
Höre, Herr!

fordert Liù da herzergreifend, und Timur singt nach Liùs Tod:

Liù! Liù! Sorgi! Sorgi! È l'ora chiara d'ogni risveglio!
Liù Liù aufstehe aufstehe (es-)ist die'Stunde hell von'jeder Erwachen
Liù, Liù, steh auf, steh auf! Es ist die Stunde des Erwachens.

È l'alba, o mia Liù ... Apri gli occhi, colomba!
(es-)ist die'Morgen oh meine Liù öffne die Augen Taube
Es ist Morgen, Liù ... Öffne die Augen, Täubchen!

Das Schema ist also:

-are	→	**-a**	**ascoltare**	→	**ascolta**
-ere	→	**-i**	**sorgere**	→	**sorgi**
-ire	→	**-i**	**aprire**	→	**apri**

Soll der Imperativ in der 2. Person Einzahl verneint werden, braucht man dazu nur die Grundform (Infinitiv) hinter **non** (nicht) zu stellen:

Non piangere, Liù!
nicht weinen Liù
Weine nicht, Liù!

meint beispielsweise Calaf im 1. Akt.

In der 3. Person vertauscht man die Endungen einfach:

	2. Person	3. Person (Mehrzahl)
-are	**-a**	**-i(no)**
-ere/-ire	**-i**	**-a(no)**

Nessun dorma!
niemand schlafe
Keiner schlafe!

Die Formen der 3. Person kann man sehr schön anhand des Trinklieds der Lady Macbeth (**"Macbeth"**) nachvollziehen:

Si colmi il calice di vino eletto
sich fülle der Kelch von Wein erwählt
Füllt den Kelch mit edlem Wein,

nasca il diletto, muoia il dolor.
geboren-werde der Vergnügen sterbe der Schmerz
es lebe das Vergnügen, Tod dem Schmerz.

Zukunft (Futur)

Auch wenn die Zukunft als Zeitform im Gespräch durchaus entbehrlich ist, spielt sie in Operntexten doch eine wichtige Rolle. Wer kennt nicht Butterflys zu Herzen gehende Schilderung der ersehnten Rückkehr ihres Pinkerton:

Un bel dì vedremo
ein schöner Tag (wir-)sehen-werden
Eines schönen Tages werden wir sehen

in der es heißt:

Chi sarà? Chi sarà? E come sarà giunto?
wer sein-wird? wer sein-wird? und wie sein-wird angekommen?
Wer mag es sein? Wer mag es sein? Und wie wird er angekommen sein?

Che dirà? Che dirà? Chiamerà Butterfly dalla lontana.
was sagen-wird? was sagen-wird? rufen-wird Butterfly von-die Ferne
Was wird er sagen? Was wird er sagen? Butterfly wird er aus der Ferne rufen.

Eines der berühmtesten Mozart-Duette (das zwischen Zerlina und Don Giovanni) läßt sich mit Kenntnis der Futur-Formen ebenfalls ohne Schwierigkeiten übersetzen:

Là ci darem la mano, là mi dirai di sì.
dort uns (wir-)geben-werden die Hand dort mir (du-)sagen-wirst von ja
Dort werden wir uns die Hand reichen, dort wirst du mich erhören.

Ebenso Cleopatras (**"Giulio Cesare"**) wunderbares

Piangerò la sorte mia
(ich-)weinen-werde die Schicksal meine
Ich werde mein Schicksal beweinen

Erfreulicherweise haben die Tätigkeitswörter auf **-are** und auf **-ere** dieselben Endungen:

chiamare (rufen)	**piangere** (weinen)	**dire** (sagen)
chiam-erò	**piang-erò**	**d-irò**
chiam-erai	**piang-erai**	**d-irai**
chiam-erà	**piang-erà**	**d-irà**
chiam-eremo	**piang-eremo**	**d-iremo**
chiam-erete	**piang-erete**	**d-irete**
chiam-eranno	**piang-eranno**	**d-iranno**

Wie schon in der Gegenwart, werden also auch in der Zukunft die Endungen **-are/-ere/-ire** der Grundform abgenommen und an den verbleibenden Stamm die entsprechenden Futur-Endungen angehängt. Lediglich **dare**, **fare** und **stare** bewahren als einzige Verben der 1. Konjugation das "a", also nicht "**-erò, -erai, ...**", sondern **darò**, **farò**, **starò** - wiederzufinden in Orfeos Klage (**"Orfeo ed Euridice"**):

Che farò senza Euridice?
was (ich-)machen-werde ohne Euridice
"Ach, ich habe sie verloren"

Unregelmäßig ist mal wieder **essere** (**Chi sarà? Chi sarà?**):

(io) sarò	**(noi) saremo**
(tu) sarai	**(voi) sarete**
(lui/lei) sarà	**(loro) saranno**

Bei einigen Verben verkürzt sich der Stamm etwas, wie man bei Butterflys Szene (**Un bel dì vedremo**) beispielsweise erkennen kann:

vedere	→	**vedrò, vedrai, ...**
potere	→	**potrò, potrai, ...**
andare	→	**andrò, andrai, ...**

Se tradirmi tu potrai
wenn verraten-mich du können-wirst
Wenn du dich gegen mich stellst
(Enrico: **"Lucia di Lammermoor"**)

Non più andrai
nicht mehr (du-)gehen-wirst
Du wirst nicht mehr umherziehen
(Figaro: **"Le nozze di Figaro"**)

Passato prossimo (Perfekt)

Sehr einfach zu bilden ist der dem deutschen Perfekt vergleichbare **passato prossimo**: Man benötigt dazu das Hilfsverb **avere** bzw. **essere** und das Partizip Perfekt des jeweiligen Tätigkeitswortes, das man erhält, indem man die bekannten Infinitivendungen

-are		**-ato**	
-ere	durch	**-uto**	ersetzt.
-ire		**-ito**	

Aus **ammazzare** wird also **ammazzato**,
aus **perdere perduto** und aus **capire capito**:

Hanno ammazzato compare Turiddu!
(sie-)haben getötet Gevatter Turiddu
Sie haben Turiddu getötet!
(Schlußworte **"Cavalleria rusticana"**)

Io l'ho perduta!
ich sie'habe verloren
Ich habe sie verloren!
(Don Carlo: **"Don Carlo"**)

Ho capito, signor sì!
(ich-)habe verstanden Herr ja
Ich habe verstanden, mein Herr!
(Masetto: **"Don Giovanni"**)

Die Unterscheidung zwischen **avere** und **essere** ist verhältnismäßig einfach, wobei man sich als Faustregel am Deutschen orientieren kann. Wird **avere** verwendet, bleibt das Partizip Perfekt unverändert, bei **essere** hingegen muß es wie ein Eigenschaftswort angeglichen werden.

Als Veranschaulichung des **passato prossimo** eignet sich besonders eine Szene aus Rossinis **"La Cenerentola"**, in der Dandini, der Kammerdiener des Prinzen, als angeblicher Prinz ins Haus von Cenerentola und ihren Stiefschwestern kommt und nun seine Lage mit komischer Übertreibung und Wichtigkeit darstellt:

Or dunque seguitando quel discorso che non ho cominciato,
jetzt also folgend jener Rede daß nicht (ich-)habe begonnen
Weiter also in der Rede, die ich gar nicht begonnen habe.

dai miei lunghi viaggi ritornato,
von-die meine lange Reisen zurückgekommen
Als ich von meinen langen Reisen zurückgekehrt bin,

e il mio papà trovato, che fra i quondam è capitombolato,
und der mein Papa gefunden, daß zwischen die Verstorbenen ist gepurzelt
habe ich meinen Vater unter den Verstorbenen vorgefunden.

e spirando ha ordinato
und sterbend (er-)hat befohlen
Auf dem Sterbebett hat er befohlen,

che a vista qual cambiale io sia sposato, o son diseredato,
daß zu Sicht als Wechsel ich sei verheiratet oder (ich-)bin enterbt
daß ich wie ein Wechsel bei Sicht verheiratet werde oder enterbt bin.

fatto ho un invito a tutto il vicinato,
gemacht (ich-)habe ein Einladung zu ganz der Nachbarschaft
So habe ich die ganze Nachbarschaft eingeladen,

e trovando un boccone delicato, per me l'ho destinato:
und findend ein Bissen zart für mich ihn'(ich-)habe bestimmt
und sollte ich einen zarten Bissen finde, so habe ich ihn für mich bestimmt.

ho detto, ho detto, e adesso prendo fiato.
(ich-)habe gesagt (ich-)habe gesagt und jetzt (ich-)nehme Atem
Ich habe gesagt, ich habe gesagt ... Und jetzt hole ich Luft.

Es versteht sich von selbst, daß es auch in diesem Kapitel nicht ganz ohne Ausnahmen abgeht. In der Tat bilden einige Verben ein unregelmäßiges Partizip Perfekt, stellvertretend sei hier Suor Angelicas Arie aus Puccinis gleichnamigem Einakter genannt:

Senza mamma, o bimbo, tu sei morto (morire → morto)
ohne Mama, oh Kind, du bist gestorben
Ohne Mama bist du gestorben, mein Kleiner

Hier einige der wichtigsten unregelmäßigen Partizipien:

aprire	**aperto**	öffnen
bere	**bevuto**	trinken
chiudere	**chiuso**	schließen
decidere	**deciso**	entscheiden
essere	**stato**	sein
fare	**fatto**	machen, tun
interrompere	**interrotto**	unterbrechen
leggere	**letto**	lesen
mettere	**messo**	setzen, stellen, legen
perdere	**perso**	verlieren
permettere	**permesso**	erlauben
piangere	**pianto**	weinen
prendere	**preso**	nehmen
raccogliere	**raccolto**	(ein-)sammeln
ridere	**riso**	lachen
risolvere	**risolto**	lösen
rispondere	**risposto**	antworten
rompere	**rotto**	(zer-)brechen
scendere	**sceso**	aussteigen
scrivere	**scritto**	schreiben
soffrire	**sofferto**	leiden
sorridere	**sorriso**	lächeln
tradurre	**tradotto**	übersetzen
vincere	**vinto**	gewinnen
vivere	**vissuto**	leben

Passato remoto

Zwar ist der **passato remoto** in der gesprochenen Sprache durchaus verzichtbar, ja, ehrlich gesagt, geradezu überflüssig, doch wird man keine Art von Literatur - und somit auch kein Libretto - wirklich verstehen, ohne diese Vergangenheitsform zumindest erkennen zu können. Es genügt also völlig, die Formen passiv zu beherrschen, für den aktiven Sprachgebrauch verweise ich auf den (sehr viel einfacheren) **passato prossimo**. Lediglich in Süditalien wird man dieser Variante auch gesprochen begegnen.

Leider - wie könnte es auch anders sein? - überrascht der **passato remoto** durch eine einfallsreiche Vielfalt an Unregelmäßigkeiten. Doch keine Angst, auch diese aus der Reihe tanzenden Formen halten sich an ein bestimmtes Schema. Hier zuerst einmal die normalen Endungen für die drei Konjugationsgruppen:

-are	**-ere**	**-ire**
parl-ai	**cred-ei**	**sent-ii**
parl-asti	**cred-esti**	**sent-isti**
parl-ò	**cred-è**	**sent-ì**
parl-ammo	**cred-emmo**	**sent-immo**
parl-aste	**cred-este**	**sent-iste**
parl-arono	**cred-erono**	**sent-irono**

Bis hierher ist also alles recht einfach, und wir können uns damit schon ohne weiteres an die Übersetzung von Semiramides Arie "**Bel raggio lusinghier**" machen:

Bel raggio lusinghier di speme e di piacer
schöner Schein schmeichlerisch von Hoffnung und von Vergnügen
Endlich strahlte auch für mich der schöne schmeichlerische Schein

alfin per me brillò! Arsace ritornò, ah sì, a me verrà.
endlich für mich schien Arsace zurückkam ach ja zu mir (er-)kommen-wird
der Hoffnung und des Vergnügens! Arsace kam zurück, ja, er wird zu mir kommen.

Quest'alma che sinor gemè, tremò, languì, oh, come respirò!
diese'Seele daß bis-jetzt stöhnte zitterte schmachtete oh wie aufatmete
Wie atmete diese Seele auf, die bisher nur stöhnte, zitterte und schmachtete!

Ogni mio duol sparì dal cor,
jeder mein Schmerz verschwand vom Herz
Jeder Schmerz verschwand aus meinem Herzen,

dal mio pensier, si dileguò il terror, sì!
vom mein Gedanke sich schwand der Schrecken ja
aus meinen Gedanken, ja, der Schrecken verflog!

Doch auch andere berühmte Arienanfänge werden mit einem Mal ganz leicht verständlich:

Donde lieta uscì
wo glücklich (sie-)herausging
Wo sie glücklich
(Mimì: **"La Bohème"**)

Mi tradì quell'alma ingrata
mich verriet jene'Seele undankbare
Dieser Undankbare hat mich verraten
(Elvira: **"Don Giovanni"**)

In questa reggia or son mill'anni e mille,
in diese Schloß jetzt sind tausend'Jahre und tausend
In diesem Schloß erschallte vor Tausenden von Jahren

un grido disperato risuonò.
ein Schrei verzweifelter ertönte
ein verzweifelter Schrei.

E quel grido, traverso stirpe e stirpe,
und jener Schrei durch Geschlecht und Geschlecht
Und dieser Schrei flüchtete sich, von Geschlecht zu Geschlecht,

qui nell'anima mia si rifugiò!
hier in die'Seele meine sich flüchtete
hier in meine Seele!
(Turandot: **"Turandot"**)

Eine von Puccinis herrlichen Solo-Szenen, die der Tosca, führt uns auch in die Geheimnisse der unregelmäßigen Formen des **passato remoto** ein:

Vissi d'arte, vissi d'amore,
(ich-)lebte von'Kunst (ich-)lebte von'Liebe
Ich lebte für die Kunst, ich lebte für die Liebe,

non feci mai male ad anima viva!
nicht (ich-)machte nie schlecht zu Seele lebende
und niemals tat ich irgendjemand etwas Böses.

Con man furtiva quante miserie conobbi, aiutai.
mit Hand heimliche wieviele Nöte (ich-)kennenlernte (ich-)half
Heimlich half ich, wo ich Not sah.

Sempre con fé sincera la mia preghiera
immer mit Glaube aufrichtige die meine Gebet
Immer schickte ich gläubig mein Gebet

ai santi tabernacoli salì,
zu-die heiligen Tabernakel (ich-)hinaufschickte
zu den heiligen Tabernakeln.

sempre con fé sincera diedi fiori agl'altar.
immer mit Glaube aufrichtige (ich-)gab Blumen zum'Altar.
Immer legte ich gläubig Blumen auf den Altar.

Bei näherem Hinsehen entpuppen sich diese unregelmäßigen Formen allerdings als gar nicht so geheimnisvoll. Auch sie folgen einer bestimmten Gesetzmäßigkeit: Ist ein Verb im **passato remoto** unregelmäßig - was fast ausschließlich auf diejenigen der "**-ere**"-Gruppe zutrifft -, so tanzt für gewöhnlich neben der 1. Person Einzahl nur die 3. Person (EZ + MZ) aus der Reihe (wobei all diese Formen denselben Stamm verwenden), während die übrigen (du, wir, ihr) ganz normal gebeugt werden. Man muß also eigentlich nur die ich-Form kennen, um alle anderen bilden zu können. Die in Toscas Arie auftauchenden Verben sollen uns das veranschaulichen:

vivere (leben)	**conoscere** (kennen, kennenlernen)
vissi, vivesti, visse,	**conobbi, conoscesti, conobbe,**
vivemmo, viveste, vissero	**conoscemmo, conosceste, conobbero**

Als Regel läßt sich also aufstellen, daß man mit dem unregelmäßigen Stamm, den die 1. Person Einzahl liefert, auch die 3. Person bilden kann, indem das Schluß-**i** der ich-Form durch ein **-e** (EZ) bzw. **-ero** (MZ) ausgetauscht wird. Ausnahmen bestätigen natürlich auch hier die Regel!

Zur Vertiefung hier noch einige andere wichtige Tätigkeitswörter, die alle nach diesem Schema funktionieren:

chiedere (fragen, verlangen)
chiesi, chiedesti, chiese, chiedemmo, chiedeste, chiesero

mettere (setzen, stellen, legen)
misi, mettesti, mise, mettemmo, metteste, misero

prendere (nehmen)
presi, prendesti, prese, prendemmo, prendeste, presero

rispondere (antworten)
risposi, rispondesti, rispose, rispondemmo, rispondeste, risposero

Zahlen

Als sehr hilfreich beim Zahlen-Lernen erweist sich Mozart: Sein **"Figaro"** beispielsweise beginnt gleich mit einem als Duettino getarnten Mini-Lehrgang:

Cinque ... dieci ... venti ... trenta ... trentasei ... quarantatrè.
5 ... 10 ... 20 ... 30 ... 36 ... 43
(Figaro mißt den Platz für das künftige Bett aus.)

Auch Leporello (**"Don Giovanni"**) leistet uns mit seiner Registerarie gute Dienste:

In Italia seicentoquaranta, in Almagna duecentotrentuna,
in Italien 640 in Deutschland 231
In Italien sind's 640, in Deutschland 231,

cento in Francia, in Turchia novantuna, ma in Ispagna son già mille e tre.
100 in Frankreich in Türkei 91 aber in Spanien sind schon 1000 und 3
100 in Frankreich, in der Türkei 91, aber in Spanien schon 1003.

Und hier nun die Zahlen in der Übersicht:

zero	0	**dieci**	10	**centuno**	101
uno	1	**venti**	20	**centodue**	102
due	2	**trenta**	30	**centodieci**	110
tre	3	**quaranta**	40	**duecento**	200
quattro	4	**cinquanta**	50	**trecento**	300
cinque	5	**sessanta**	60	**seicentoventotto**	628
sei	6	**settanta**	70	**mille**	1.000
sette	7	**ottanta**	80	**duemila**	2.000
otto	8	**novanta**	90	**cinquemila**	5.000
nove	9	**cento**	100	**un milione**	1.000.000

Auch bei den Ordnungszahlen ist Leporello zur Stelle. Im Rezitativ vor der Registerarie erklärt er Donna Elvira:

Eh consolatevi, non siete voi, non foste e non sarete
he tröstet-euch nicht seid ihr nicht wart und nicht sein-werdet
Tröstet euch, ihr seid und ward nicht die erste

né la prima, né l'ultima.
noch die erste noch die'letzte
und werdet nicht die letzte sein.

In **"La clemenza di Tito"** beginnt das herrliche Duett zwischen Annio und Servilia so:

Ah, perdona al primo affetto
ach verzeih zum erste Zuneigung
Verzeih dem früheren Gefühl

und eine der Hauptfiguren heißt **Sesto** (=Sechster).

primo, -a	1.	**sesto, -a**	6.
secondo, -a	2.	**settimo, -a**	7.
terzo, -a	3.	**ottavo, -a**	8.
quarto, -a	4.	**nono, -a**	9.
quinto, -a	5.	**decimo, -a**	10.

Verhältniswörter (Präpositionen)

Es sollen hier nur die wichtigsten Verhältniswörter mit ihrer Haupt-Bedeutung bzw. Anwendungsmöglichkeit vorgestellt werden:

a – zu etwas oder jemand hin, Präposition des Dativs

Dite alla giovine
sagt zu-die Mädchen
Sagt dem Mädchen
(Violetta: **"La Traviata"**)

Donne mie, la fate a tanti
Frauen meine sie (ihr-)macht zu viele
Ihr Frauen, so macht ihr's mit allen
(Guglielmo: **"Così fan tutte"**)

in – in

In questa reggia
in diese Schloß
In diesem Schloß
(Turandot: **"Turandot"**)

In mia mano alfin tu sei
in meine Hand endlich du bist
Endlich bist du in meiner Hand
(Norma: **"Norma"**)

In uomini, in soldati sperare fedeltà
in Männer in Soldaten hoffen Treue
Bei Männern, bei Soldaten, auf Treue hoffen
(Despina: **"Così fan tutte"**)

con – mit

Un tal gioco, credetemi, è meglio non giocarlo con me
ein solch Spiel glaubt-mir (es-)ist besser nicht spielen-es mit mir
Glaubt mir, so ein Spiel spielt ihr besser nicht mit mir
(Canio: **"Pagliacci"**)

Con onor muore chi non può serbar vita con onore
mit Ehre stirbt wer nicht kann bewahren Leben mit Ehre
Ehrenvoll sterbe, wer sein Leben nicht ehrenvoll leben kann
(Cio-Cio-San: **"Madama Butterfly"**)

per – für

Questa o quella per me pari sono
diese oder jene für mich gleich sind
Diese oder eine andere, für mich sind sie gleich
(Duca: **"Rigoletto"**)

Languir per una bella
schmachten für eine Schöne
Für eine Schöne zu schmachten
(Lindoro: **"L'italiana in Algeri"**)

come – wie

Come per me sereno oggi rinacque il dì!
wie für mich heiter heute wiederauflebte der Tag
Wie heiter wurde der Tag heute wieder für mich!
(Amina: **"La sonnambula"**)

Come ti piace, imponi
wie dir gefällt befiehl
Befiehl wie es dir gefällt
(Sesto: **"La clemenza di Tito"**)

fra/tra – zwischen

Tra voi, belle, brune e bionde
zwischen euch Schöne Braune und Blonde
Unter Euch, Ihr Schönen, Brünetten und Blonden
(Des Grieux: **"Manon Lescaut"**)

Fra le tue braccia, amore!
zwischen die deine Arme Liebe
In deinen Armen, Liebling!
(Manon Lescaut: **"Manon Lescaut"**)

da - von etwas oder jemand weg

Lunge da lei per me non v'ha diletto
fern von sie für mich nicht dort'hat Vergnügen
Fern von ihr gibt es für mich keine Freude
(Alfredo: **"La Traviata"**)

Se il mio nome saper voi bramate,
wenn der mein Name wissen ihr begehrt
Wenn Ihr meinen Namen wissen wollt,

dal mio labbro il mio nome ascoltate.
von-der mein Lippe der mein Name hört
dann hört ihn von meinen Lippen.
(Almaviva: **"Il barbiere di Siviglia"**)

di - von, Präposition des Genitivs

Il balen del suo sorriso
der Blitz von-der sein Lächeln
Das Strahlen ihres Lächelns
(Luna: **"Il trovatore"**)

Questo è il bacio di Tosca!
dieser ist der Kuß von Tosca
Das ist Toscas Kuß!
(Tosca: **"Tosca"**)

O terra, addio; addio, valle di pianti
oh Erde leb-wohl leb-wohl Tal von Weinen
Leb wohl, Erde; leb wohl, du Tal der Tränen
(Radamès, Aida: **"Aida"**)

Un'aura amorosa del nostro tesoro
eine'Hauch liebevoll von-der unser Schatz
Ein liebevoller Hauch unseres Lieblings
(Ferrando: **"Così fan tutte"**)

su – auf

Mario, su, presto! Andiamo! Su!
Mario auf schnell gehen-wir auf!
Auf, Mario, schnell! Gehen wir! Los!
(Tosca: **"Tosca"**)

Tutta su me ti posa
ganz auf mich dich lege
Stütz dich ganz auf mich
(Des Grieux: **"Manon Lescaut"**)

sopra/sovra - über

Sovra il sen la man mi posa
über der Brust die Hand mir lege
Leg mir deine Hand aufs Herz
(Amina: **"La sonnambula"**)

La fatal pietra sovra me si chiuse
die verhängnisvolle Stein über mir sich schloß
Der tödliche Stein hat sich über mir geschlossen
(Radamès: **"Aida"**)

senza - ohne

Senza mamma, o bimbo, tu sei morto
ohne Mama oh Kind du bist gestorben
Ohne Mama bist du gestorben, mein Kleiner
(Angelica: **"Suor Angelica"**)

accanto a - neben

Non più mesta accanto al fuoco
nicht mehr traurig neben an-der Feuer
Nicht mehr traurig neben dem Feuer
(Angiolina: **"La Cenerentola"**)

(d)avanti a - vor (örtlich)

E avanti a lui tremava tutta Roma!
und vor zu er zitterte ganz Rom
Und vor dem zitterte ganz Rom!
(Tosca: **"Tosca"**)

O Scarpia, avanti a Dio!
oh Scarpia vor zu Gott
Scarpia, wir sehen uns vor Gott!
(Tosca: **"Tosca"**)

Essen und Trinken

Nach Operngestalten befragt, die man (auch) mit leiblichen Genüssen in Verbindung bringt, wird man sicher Falstaff und Don Giovanni nennen. Folglich werden wir uns von diesen beiden die gastronomischen Aspekte der italienischen Sprache etwas näherbringen lassen. Verdis Titelheld läßt uns im 3. Akt seine Erkenntnisse über der Italiener liebstes alkoholisches Getränk wissen:

Taverniere, un bicchier di vin caldo.
Wirt ein Glas von Wein warm
Herr Wirt, ein Glas Glühwein.

Buono. Ber del vin dolce e sbottonarsi al sole, dolce cosa!
gut trinken vom Wein süß und aufknöpfen-sich am Sonne süße Sache
Herrlich. Süßen Wein trinken und sich in der Sonne das Hemd aufknöpfen, wie wunderbar!

Il buon vino sperde le tetre fole dello sconforto,
der gute Wein zerstreut die düstere Lügen vom Mutlosigkeit
Guter Wein zerstreut die düsteren Lügen der Mutlosigkeit,

accende l'occhio e il pensier,
(er-)öffnet der'Auge und der Gedanke
er öffnet Augen und Gedanken,

dal labbro sale al cervel e quivi risveglia il picciol fabbro dei trilli.
vom Lippe (er-)steigt zum Gehirn und dort (er-)weckt der kleine Schmied von-die Triller
steigt von den Lippen ins Gehirn und erweckt dort die Triller zum Leben.

Soweit Sir John Falstaffs fachmännische Einschätzung. Auch Mozarts berühmter Schürzenjäger weiß sehr wohl um die Wirkung des Weines:

Fin ch'han dal vino calda la testa, una gran festa fa preparar.
bis daß'(sie-)haben vom Wein heiß die Kopf eine große Fest mach vorbereiten
Laß ein Fest vorbereiten, bis ihnen der Kopf heiß ist vom Wein.

Natürlich labt man sich nicht nur am **vino**, deshalb hier die wichtigsten Getränke in der Übersicht:

il vino (bianco/rosato/rosso)	(Weiß-/Rosé-/Rot-)Wein
il prosecco/lo spumante	Sekt
la birra (chiara/scura)	(helles/dunkles) Bier
l'acquavite / l'amaro / il liquore	Schnaps / Magenbitter / Likör
il caffè / il tè	Kaffee / Tee
il latte / il frullato	Milch / Milchshake
la cioccolata	Kakao, heiße Schokolade
l'acqua minerale	Mineralwasser
la gassata / il succo (di mele)	Limonade / (Apfel-)Saft
la spremuta (d'arancia)	frischgepreßter (Orangen-)Saft

Die "harten" Getränke (Whisky, Rum, Wodka, Gin, Kognak etc.) heißen im übrigen wie im Deutschen.

Doch nicht nur der Wein wird im **"Don Giovanni"** in Ehren gehalten, schließlich beginnt das Finale des 2. Aktes mit der wohl berühmtesten Opern-Speise-Szene:

G: **Già la mensa è preparata.**
schon die Tafel ist vorbereitet
Der Tisch ist schon gedeckt.

Voi suonate, amici cari, già che spendo i miei danari,
ihr spielt, Freunde teure, schon daß (ich-)ausgebe die meine Gelder
Spielt, liebe Freunde, wenn ich schon mein Geld ausgebe,

io mi voglio divertir. Leporello, presto in tavola!
ich mich will vergnügen. Leporello, schnell in Tisch
will ich mich auch amüsieren. Leporello, schnell, trag auf!

L: **Son prontissimo a servir.**
(ich-)bin bereitest zu servieren.
Sofort. [...]

G: **Ah, che piatto saporito!**
ach, was Teller schmackhaft
Mmm, was für ein leckeres Gericht!

L: **Ah, che barbaro appetito!**
ach, was barbarisch Appetit
Was für ein barbarischer Appetit!

Che bocconi da gigante! Mi par proprio di svenir.
was Bissen von Riese! mir scheint wirklich zu ohnmächtig-werden
Was für Riesenbissen! Ich glaube, ich werde ohnmächtig.

G: **Piatto.**
Teller.
Der nächste Gang.

L: **Servo.**
(ich-)serviere
Kommt schon.

G: **Versa il vino. - Eccellente marzimino!**
einschenk der Wein - exzellent Marzemino
Schenk den Wein ein. - Ausgezeichneter Marzemino!

L: **Questo piatto di fagiano piano piano vo' inghiottir.**
dieser Teller von Fasan leise leise (ich-)will verschlingen
Von diesem Fasan will ich mir heimlich was genehmigen.

G: **Sta mangiando quel marrano, fingerò di non capir.**
(er-)ist essend jener Verräter, (ich-)vortäuschen-werde von nicht verstehen
Dieser Schlingel ißt. Ich werde so tun, als ob ich nichts merke. [...]

L: **Scusate, sì eccellente è il vostro cuoco, che lo volli anch'io provar.**
entschuldigt, so ausgezeichnet ist der eure Koch, daß ihn (ich-) wollte auch'ich probieren
Entschuldigt, aber Euer Koch ist so hervorragend, daß ich es auch probieren wollte.

Und da man ja bekanntlich nicht von der Musik allein lebt:

il pane	Brot	**il formaggio**	Käse
il panino	Brötchen	**il prosciutto**	Schinken
la pastina	Gebäckstück	**l'affettato**	Aufschnitt
la torta	Kuchen	**la carne**	Fleisch
l'uovo	Ei	**il pesce**	Fisch
il burro	Butter	**la pasta**	Nudeln
la marmellata	Marmelade	**l'insalata**	Salat
la farina	Mehl	**il pepe**	Pfeffer
lo zucchero	Zucker	**il sale**	Salz
dolce	süß	**salato**	salzig
amaro	bitter	**piccante**	scharf

la frutta	**Obst**	**la verdura**	**Gemüse**
l'ananas	Ananas	**il carciofo**	Artischocke
la mela	Apfel	**la melanzana**	Aubergine
l'albicocca	Aprikose	**i fagiolini**	grüne Bohnen
la banana	Banane	**i piselli**	Erbsen
la pera	Birne	**il cetriolo**	Gurke
la fragola	Erdbeere	**la carota**	Karotte
il pompelmo	Grapefruit	**la patata**	Kartoffel
la ciliegia	Kirsche	**il cavolo**	Kohl
il melone	(Honig-)Melone	**la lattuga**	Kopfsalat
l'anguria	(Wasser-)Melone	**il peperone**	Paprikaschote
la pesca	Pfirsich	**gli asparagi**	Spargel
la prugna	Pflaume	**gli spinaci**	Spinat
l'uva	Weintraube	**il pomodoro**	Tomate
il limone	Zitrone	**la cipolla**	Zwiebel

Vergnügungen

In kaum einer anderen Oper nehmen die Vergnügungen jedweder Art soviel Platz ein wie in **"Don Giovanni"**. Von den gastronomischen Wohltaten war ja schon im Kapitel "Essen & Trinken" die Rede. Den anderen widmen wir uns jetzt. Das Auftrittsduett Zerlina/ Masetto ist ein gutes Beispiel für genußfreundliches Leben:

Vieni, vieni, carino/carina, godiamo,
komm komm Liebling genießen-wir
Komm, mein Liebling, komm. Laß uns genießen

e cantiamo, e balliamo, e saltiamo.
und singen-wir und tanzen-wir und springen-wir
und singen und tanzen und springen!

Vieni, vieni, carino/carina, godiamo,
komm komm Liebling genießen-wir
Komm, mein Liebling, komm. Laß uns genießen!

che piacer! che piacer che sarà!
was Vergnügen was Vergnügen daß (es-)sein-wird
Ach, wird das ein Vergnügen sein!

Das Finale des 1. Aktes beginnt mit einer Einladung Don Giovannis an die Hochzeitsgesellschaft:

Su, svegliatevi, da bravi! Su, coraggio, o buona gente!
hoch aufwacht als Tüchtige hoch Mut oh gute Leute
Auf, munter, los! Auf, nur Mut, liebe Leute!

Vogliam stare allegramente, vogliam ridere e scherzar.
(wir-)wollen sein fröhlich (wir-)wollen lachen und scherzen
Laßt uns lustig sein, laßt uns lachen und scherzen.

(ai servi - zu den Dienern)

Alla stanza della danza conducete tutti quanti,
in-die Zimmer von-die Tanz führt alle wieviele
Bringt alle in den Tanzsaal

ed a tutti in abbondanza gran rinfreschi fate dar.
und zu alle in Überfluß große Erfrischungen macht geben.
und serviert ihnen reichlich Erfrischungen.

l'allegria	Fröhlichkeit	**la gioia**	Freude
andare all'opera	in die Oper gehen	**godere**	genießen
ballare	tanzen	**il piacere**	Vergnügen
il buonumore	gute Laune	**ridere**	lachen
cantare	singen	**scherzare**	Spaß machen
il divertimento	Vergnügen	**lo scherzo**	Spaß
divertirsi	sich amüsieren	**sentirsi a suo agio**	sich wohl fühlen
essere allegri	lustig sein	**suonare**	spielen (Instrum.)
giocare	spielen (Spiel)	**uscire**	ausgehen

Einkaufen

Wenngleich in Opern nicht unbedingt immer ans Geld ausgeben gedacht wird, finden sich doch in **"La forza del destino"** (Die Macht des Schicksals) und **"La gazza ladra"** (Die diebische Elster) zwei recht geschäftstüchtige Zeitgenossen. Im dritten Akt der Verdi-Oper treibt Trabuco regen Handel:

A buon mercato chi vuol comprare forbici, spille, sapon perfetto.
zu gut Markt wer will kaufen Scheren, Nadeln, Seife perfekt
Wer will billig Scheren, Nadeln, feine Seife kaufen.

Io vendo e compro qualunque oggetto,
ich verkaufe und kaufe jedweder Gegenstand
Ich verkaufe und kaufe alles mögliche,

concludo a pronti qualunque affar.
(ich-)abschließe zu fertig jedweder Geschäft
ich bin sofort zu jedem Handel bereit.

Die Soldaten umringen ihn daraufhin und bieten ihm die verschiedensten Dinge an:

- **Ho qui un monile, quanto mi dai?**
  (ich-)habe hier ein Schmuckstück wieviel mir (du-)gibst
  Hier habe ich ein Schmuckstück, wieviel gibst du mir dafür?

- **Ve' una collana? Se vuoi la vendo.**
  (du-)siehst eine Kette wenn (du-)willst sie (ich-)verkaufe
  Siehst du die Kette? Wenn du willst, verkaufe ich sie dir.

- **Questi orecchini li pagherai?**
  diese Ohrringe sie (du-)zahlen-wirst
  Kaufst du mir diese Ohrringe ab?

- **Vogliamo vendere...**
  (wir-)wollen verkaufen
  Wir wollen verkaufen.

Trabucos Pendant bei Rossini heißt Isacco, der in seiner kleinen Kavatine ebenfalls ein buntes Sammelsurium an Waren anpreist:

Stringhe e ferri da calzette, temperini e forbicette,
Schuhbänder und Eisen von Söckchen Taschenmesser und Scherchen
Schuhbänder und Stricknadeln, Taschenmesser und Nagelscheren,

aghi, pettini, coltelli, esca, pietre e zolfanelli.
Nadeln Kämme Messer Köder Steine und Schwefelhölzer
Nadeln, Kämme, Messer, Köder, Steine und Schwefelhölzer.

Avanti, avanti chi vuol comprar, e chi vuol vendere o barattar.
vorwärts vorwärts wer will kaufen und wer will verkaufen oder tauschen
Wer kaufen will, wer verkaufen oder tauschen will, vorwärts.

Io compro, se volete, baratto, se vi piace:
ich kaufe wenn (ihr-)wollt (ich-)tausche wenn euch (es-)gefällt
Ich kaufe, wenn ihr wollt, tausche, wenn ihr wollt:

guardate che bei capi, che belle mercanzie
schaut was schöne Stücke was schöne Waren
schaut, was für schöne Stücke, was für schöne Waren,

tutte di moda e più che mai perfette.
alle von Mode und mehr daß nie perfekt
alle modern und feiner denn je.

Zwar haben uns die beiden Herren schon eine ganze Menge unterschiedlichster Waren angeboten, doch finden sich in der Requisitenkammer eines Opernhauses noch etliche andere, für den Handlungsablauf unverzichtbare Utensilien:

l'anello	Ring	**la maschera**	Maske
la cesta	Korb	**la scala**	Leiter
la cuffi(ett)a	Haube	**lo smaniglio**	Armreif
l'effigie	Bild(nis)	**la spilla**	Anstecknadel
il fazzoletto	Taschentuch	**il tabarro**	(Winter-)Mantel
i gioielli	Schmuck	**il ventaglio**	Fächer
la giubba	Jacke	**la zimarra**	(langer) Mantel

Na, in welchen Werken trifft man auf all diese Dinge?

Das erste Gespräch

Signorina Mimì und Madama Butterfly haben sich freundlicherweise bereit erklärt, uns einige persönliche Fragen zu beantworten:

Come si chiama?
wie sich ruft
Wie heißen Sie?

Mi chiamano Mimì, ma il mio nome è Lucia.
mich (sie-)nennen Mimì aber der mein Name ist Lucia
Man nennt mich Mimì, aber mein Name ist Lucia.

Cosa fa?
was (Sie-)machen
Was machen Sie beruflich?

A tela o a seta ricamo in casa e fuori.
zu Stoff oder zu Seide (ich-)sticke in Haus und draußen
Zu Hause oder außer Haus sticke ich auf Stoff oder Seide.

E la domenica?
und die Sonntag
Und am Sonntag?

Non vado sempre a messa ma prego assai il Signor.
nicht (ich-)gehe immer zu Messe aber (ich-)bete ziemlich der Herr
Ich gehe nicht immer in die Messe, aber ich bete oft zu Gott.

Chi è?
wer (Sie-)sind
Wer sind Sie?

Sono la Sua vicina.
(ich-)bin die Ihre Nachbarin
Ich bin Ihre Nachbarin.

Sie haben natürlich längst bemerkt, daß Mimìs Antworten ihrer Arie im 1. Akt der **"Bohème"** entnommen sind. Das Gespräch mit Frau Schmetterling findet gar wörtlich so statt:

Siete di Nagasaki?
(Ihr-)seid von Nagasaki
Seid Ihr aus Nagasaki?

Signor, sì.
Herr ja
Ja, mein Herr.

E avete sorelle?
und (Ihr-)habt Schwestern
Und habt Ihr noch Schwestern?

No, signore. Ho la mamma.
nein Herr (ich-)habe die Mama
Nein, mein Herr. Ich habe meine Mama.

E Vostro padre?
und Euer Vater
Und Euer Vater?

Morto.
tot
Tot.

Quanti anni avete?
wieviele Jahr (Ihr-)habt
Wie alt seid Ihr?

Indovinate.
ratet
Ratet.

Dieci.
zehn
Zehn.

Crescete.
wachst
Mehr.

Venti.
zwanzig
Zwanzig.

Calate. Quindici netti, netti.
fallt fünfzehn rein rein
Weniger. Genau fünfzehn.

Wie schon im Grammatikteil erwähnt, wird man heute die 3. Person Einzahl der hier verwendeten 2. Person Mehrzahl als Höflichkeitsform vorziehen, doch wenn man - wie im Gespräch mit Mimì vorgegeben - das **siete** durch **è** oder das **avete** durch **ha** usw. ersetzt, erhält man eine Gesprächsstruktur, die heute genauso anwendbar ist.

Dinge, nach denen nicht nur in unseren beiden Gesprächen gefragt wird, sind neben Namen (**nome**), Geburtsort (**luogo di nascita**) und Alter (**età** - siehe hierzu Kapitel "Zahlen" im Grammatikteil) vor allem der Beruf (**professione**) und die Familie (**famiglia**), weshalb wir diesen beiden Punkten noch einige Zeilen widmen wollen.

Sehen wir uns zuerst die Berufe einiger Figuren aus zwei wohlbekannten Opern etwas näher an:

"Le nozze di Figaro"

Figaro, **cameriere**	(Kammer-)Diener [auch: Kellner]
Bartolo, **medico**	Arzt
Basilio, **maestro di musica**	Musiklehrer
Don Curzio, **giudice**	Richter
Antonio, **giardiniere**	Gärtner

"La Bohème"

Rodolfo, **poeta**	Dichter
Marcello, **pittore**	Maler
Schaunard, **musicista**	Musiker
Benoît, **padrone di casa**	Hausbesitzer
Parpignol, **venditore ambulante**	fliegender Händler

"Und was ist mit den Frauen?" werden Sie jetzt wahrscheinlich fragen. Nun, Frauen gehen in Opern für gewöhnlich keinem Broterwerb nach, sieht man mal von Figuren wie Susanna oder Despina (ihres Zeichens **cameriera**, also Zofe, Dienerin, heute auch Kellnerin) ab.

Die Gleichberechtigung hatte sich zu den Zeiten, in denen die großen Werke der **lirica** entstanden, noch nicht durchgesetzt, weshalb sich die **prime donne** meist damit zufriedengeben müssen, den Tenor anzubeten. Halt, nein, gelegentlich dürfen sie auch als **regina** irgendein Land regieren.

Doch wir wollten uns ja auch noch der Verwandtschaftsbeziehungen annehmen. Rigoletto und Gilda beispielsweise sind **padre e figlia**, Sparafucile und Maddalena **fratello e sorella**. Manrico und Azucena sind scheinbar **figlio e madre**, während in Wirklichkeit Manrico und Luna **fratelli** sind. Im folgenden eine kleine Übersicht:

il padre	Vater	**la madre**	Mutter
il figlio	Sohn	**la figlia**	Tochter
il fratello	Bruder	**la sorella**	Schwester
lo zio	Onkel	**la zia**	Tante
il nonno	Großvater	**la nonna**	Großmutter
il cugino	Cousin	**la cugina**	Cousine
il marito/lo sposo	Ehemann	**la moglie/la sposa**	Ehefrau

Aussehen

Erfreulicherweise zählen in der Oper ja mehr die inneren Werte, anders wäre es wohl auch nicht vorstellbar, daß sich die Primadonna gerade nach diesem Tenor so sehr verzehrt und den mehr als ansehnlichen Bariton links linken läßt oder daß umgekehrt der Ritter des hohen C mit Freuden sein Leben für eine gewisse Dame läßt.

In Rossinis köstlicher opera buffa **"L'italiana in Algeri"** versucht Mustafà seine Frau, der er überdrüssig ist, Lindoro anzudrehen und schildert sie ihm in den höchsten Tönen (sofern man dies von einem Baß sagen kann):

M: **Vuoi bellezza? Vuoi ricchezza? Grazie? Amore? Ti consola:**
(du-)willst Schönheit (du-)willst Reichtum Anmut Liebe dich tröste
Du willst Schönheit? Du willst Reichtum?
Liebenswürdigkeiten? Liebe? Beruhige dich:

trovi tutto in questa sola. È una donna singolar.
(du-)findest alles in diese allein (sie-)ist eine Frau einzigartig
Du findest alles in dieser einen Frau, einer einzigartigen Frau.

L: **Per esempio la vorrei schietta ... schietta e buona.**
für Beispiel sie (ich-)möchte aufrichtig und gut
Ich möchte sie zum Beispiel aufrichtig und gutherzig.

M: **È tutta lei, è tutta lei!**
(es-)ist ganz sie (es-)ist ganz sie
Ist sie völlig, ist sie völlig!

L: **Per esempio io vorrei due begl'occhi.**
für Beispiel ich möchte zwei schöne'Augen
Ich möchte zum Beispiel zwei schöne Augen.

M: **Son due stelle.**
(sie-)sind zwei Sterne
Sie sind wie Sterne.

L:	**Chiome?** Haare?	M:	**Nere!** Schwarz.
L:	**Guance?** Wangen?	M:	**Belle!** Schön.
L:	**Volto?** Gesicht?	M:	**Bello!** Schön.

Und so weiter. Mustafà versucht mit allen Mitteln, Lindoro seine Elvira anzupreisen, um sich dann einer Italienerin widmen zu können; Lindoro dagegen wehrt sich verzweifelt gegen diese Verkuppelung, da er ja Isabella liebt, die wiederum kurze Zeit darauf Mustafà den Kopf verdrehen wird. Das erste Aufeinandertreffen zwischen Isabella und Mustafà löst bei den beiden folgende Kommentare aus:

I: **Oh, che muso, che figura! Quali occhiate!**
oh was Schnauze was Figur welche Blicke
Was für eine Schnute, was für eine Erscheinung, was für Blicke!

M: **Oh, che pezzo da sultano! Bella taglia... viso strano...**
oh was Stück von Sultan schöne Gestalt Gesicht seltsam
Was für ein Happen für einen Sultan! Eine schöne Gestalt... ein eigenartiges Gesicht...

Leidenschaften

Um die aufbrausenden Leidenschaften in der Oper richtig genießen zu können, braucht man nur einen nicht allzu großen, immer wiederkehrenden "Fachwortschatz" zu kennen. Beginnen wir mit den üblichsten Bezeichnungen für das Objekt der Begierde:

amor mio	*Liebe mein*
ben mio, mio ben	*Gut mein, mein Gut*
amato bene	*geliebter Gut*
idol mio	*Idol mein*
cor mio, mio cor	*Herz mein, mein Herz*
caro mio, cara mia	*Teurer mein, Teure meine*
anima mia	*Seele meine*
mio tesoro	*mein Schatz*
mia vita	*meine Leben*
mia speme	*meine Hoffnung*

Kommt Ihnen das nicht verdächtig bekannt vor?

Die Liebe bzw. der/die Liebste ist selbstverständlich immer **fedele/ fido, -a / costante** (treu), **felice** (glücklich), **innocente** (unschuldig), **puro** (rein) und **possente** (mächtig), und ein nicht Eingeweihter könnte leicht den Eindruck gewinnen, in der Oper ginge es nur um:

amare	lieben	**abbracciare**	umarmen
adorare	anbeten	**serbare**	bewahren, halten
languire	schmachten	**rivedere**	wiedersehen
infiammare	entflammen	**ritrovare**	wiederfinden
bramare	begehren	**ritornare**	wiederkehren

Das ist natürlich völlig aus der Luft gegriffen. Schließlich dreht sich ein nicht unwesentlicher Teil der Handlung auch um Dinge wie:

affetto/amore	Liebe	**gemiti**	Seufzer
bacio	Kuß	**gioia**	Freude
cielo	Himmel	**palpito, -i**	Herzklopfen
desio/desir	Wunsch	**petto**	Brust
eterna fe(de)	ewige Treue	**sorriso**	Lächeln
fiamma	Flamme	**speme/speranza**	Hoffnung
fuoco	Feuer	**sposo, -a**	Gatte, Gattin

Kosten wir mit unseren neuerworbenen Kenntnissen doch gleich eines der schönsten Liebesduette in seiner ganzen Poesie aus:

Tornami a dir che m'ami, dimmi che mio/mia tu sei;
zurückkomme-mir zu sagen daß mich'(du-)liebst, sag-mir daß mein/meine du bist
Sag mir noch einmal, daß du mich liebst, sag mir, daß du mein bist;

quando tuo ben mi chiami, la vita addoppi in me.
wenn dein Gut mich (du-)nennst, die Leben (du-)verdoppelst in mir
wenn du mich dein Leben nennst, verdoppelst du das Leben in mir.

La voce tua sì cara rinfranca il cuore oppresso.
die Stimme deine so teuer stärkt der Herz bedrückt
Deine geliebte Stimme ermuntert dieses bedrückte Herz.

Ah, sicura/sicuro a te dappresso, tremo lontan da te.
ach, sicher zu dir neben, (ich-)zitterer fern von dir
So sicher ich mich neben dir fühle, so sehr zittere ich fern von dir.
(Norina/Ernesto: **"Don Pasquale"**)

Eine andere Donizetti-Buffa heißt nicht umsonst **"L'elisir d'amore"** (Der Liebestrank), bietet sie doch weiteres Anschauungsmaterial in Sachen Liebe. Nemorino gesteht seiner angebeteten Adina am Ende ihres gemeinsamen Duetts:

Ah! te sola io vedo, io sento, giorno e notte e in ogni oggetto.
ach dich allein ich sehe ich fühle Tag und Nacht und in jede Objekt
Dich allein sehe und fühle ich Tag und Nacht und überall.

D'obliarti invano io tento,
von'vergessen-dich umsonst ich versuche
Vergeblich versuche ich, dich zu vergessen,

il tuo viso ho sculto in petto.
der dein Gesich (ich-)habe eingegraben in Brust
dein Gesicht ist in mein Herz gemeißelt.

Adina wiederum verrät im Duett mit dem Quacksalber Dulcamara ihr bei Männern sicher wirkendes Rezept, das Geheimnis des wirklichen Liebestranks sozusagen:

Una tenera occhiatina, un sorriso, una carezza,
eine zärtliche Blick ein Lächeln eine Streicheln
Ein zärtlicher Blick, ein Lächeln, eine Liebkosung

vincer può chi più si ostina, ammollir chi più ci sprezza.
gewinnen kann wer mehr sich beharrt erweichen wer mehr uns mißachtet
besiegt selbst die, die sich am meisten sträuben, läßt auch die weich werden, die uns am wenigsten beachten.

Ne ho veduti tanti e tanti, presi, cotti, spasimanti,
davon (ich-)habe gesehen soviele und soviele genommen gekocht schmachtend
Ich habe so viele begeistert, verliebt, schmachtend gesehen,

che nemmeno Nemorino non potrà da me fuggir.
daß nicht-einmal Nemorino nicht können-wird von mir fliehen
daß auch Nemorino mir nicht entfliehen kann.

La ricetta è il mio visino, in quest'occhi è l'elisir.
die Rezept ist der mein Gesichtchen in dies'Augen ist der'Trank
Das Rezept ist mein Gesicht, in diesen Augen liegt das Elixier.

Doch hat die Leidenschaft auch ihre dunklen Seiten, und um diese nicht minder faszinierenden Aspekte voll und ganz würdigen zu können, sollten wir uns mit den gängigen Vokabeln vertraut machen:

crudo, -a, crudele	grausam
il destino	Schicksal
la disperazione/disperato, -a	Verzweiflung/verzweifelt
il disprezzo/disprezzare	Verachtung/verachten
il dolor (il duol)	Schmerz
la furia, il furor	Wut
la gelosia/geloso, -a	Eifersucht/eifersüchtig
l'infamia/infame	Schand(e, -tat)/schändlich
maledetto, -a	verflucht
la morte/morire	Tod/sterben
l'odio/odiare	Haß/hassen
il pianto/piangere	Weinen/weinen
il rimorso	Gewissensbisse
lo sdegno	Empörung, Verachtung
la smania	Raserei
lo spavento	Schreck(en)
la sventura/sventurato, -a	Unglück/unglückselig
il tormento	Qual
il tradimento/tradire	Verrat/verraten
la vendetta/vendicare	Rache/rächen

Keinen Hehl aus ihren Gefühlen macht die Zauberin Armida in Haydns (oder auch Jommellis) gleichnamiger Oper:

Odio, furor, dispetto, dolor, rimorso e sdegno
Haß, Wut, Ärger, Schmerz, Gewissensbisse und Verachtung
Haß, Wut, Ärger, Schmerz, Reue und Verachtung

vengon nel punto estremo tutti a squarciarmi il petto:
(sie-)kommen im Punkt extrem alle zu zerreißen-mir der Brust
kommen alle, mir im letzten Augenblick die Brust zu zerreißen.

Ardo, deliro e fremo, ho cento smanie al cor.
(ich-)brenne, (ich-)deliriere und (ich-)zittere, (ich-)habe hundert Rasereien am Herz
Ich brenne, phantasiere, erbebe, und hundertfach tobt mein Herz.

Auch Rigoletto läßt seinen Gefühlen freien Lauf, als er erfährt, daß seine Tochter vom Herzog verführt wurde:

Sì, vendetta, tremenda vendetta di quest'anima è solo desio...
ja Rache furchtbare Rache von dies'Seele ist nur Wunsch
Ja, Rache, furchtbare Rache ist der einzige Wunsch dieser Seele,

di punirti già l'ora s'affretta che fatale per te suonerà.
von bestrafen-dich schon die'Stunde sich'beeilt daß fatal für dich ertönt
die Stunde deiner Bestrafung ist nahe, und sie wird tödlich sein.

Come fulmin scagliato da Dio il buffone colpirti saprà.
wie Blitz geschleudert von Gott der Narr treffen-dich (er-)wissen-wird
Wie ein von Gott geschleuderter Blitz wird der Narr dich treffen.

Nicht besonders begeistert ist auch Alfio, als er von Lolas Verhältnis mit Turiddu erfährt (**"Cavalleria rusticana"**):

Infami loro: ad essi non perdono,
schändlich sie zu sie nicht (ich-)verzeihe
Diesen Schändlichen werde ich nicht verzeihen,

vendetta avrò pria che tramonti il dì.
Rache (ich-)haben-werde früher daß untergeht der Tag
noch bevor der Tag vergeht, werde ich mich rächen.

Io sangue voglio, all'ira m'abbandono,
ich Blut will zu-die'Zorn mich'(ich-)verlasse
Blut will ich sehen, der Wut gebe ich mich hin,

in odio tutto l'amor mio finì.
in Haß alle der'Liebe mein endete
all meine Liebe verwandelte sich in Haß.

Musik

Ein Kapitel über die Musik selbst darf selbstverständlich nicht fehlen. Der Podestà (der Bürgermeister also) in **"La finta giardiniera"** schildert in einer abwechslungsreichen Arie die Gefühle, die die verschiedenen Instrumente in ihm hervorrufen:

Dentro il mio petto io sento un suono, una dolcezza
innen der mein Brust ich fühle ein Klang eine Süße
Ich spüre in meiner Brust einen Klang, eine Süße,

di flauti e di oboe. Che gioia, che contento.
von Flöten und von Oboen was Freude was Zufriedenheit
die von den Flöten und den Oboen kommt. Welche Freude, welche Zufriedenheit.

Manco per l'allegrezza, più bel piacer non v'è.
(ich-)fehle für die'Fröhlichkeit mehr schön Vergnügen nicht da'ist
Ich vergehe vor Fröhlichkeit, ein schöneres Vergnügen gibt es nicht.

Ma, oh Dio, che all'improvviso si cangia l'armonia
aber oh Gott daß zum'unvermutet sich wechselt die'Harmonie
Doch, oh Gott, plötzlich wechselt die Harmonie,

che il cor fa palpitar. Sen'entran le viole,
daß der Herz macht schlagen sich-davon'eintreten die Violen
die das Herz erregt. Die Bratschen setzen ein

e in tetra melodia mi vengono a turbar.
und in düster Melodie mich (sie-)kommen zu stören
und bringen mich mit ihrer düsteren Melodie durcheinander.

Poi sorge un gran fracasso, li timpani, le trombe,
dann aufsteigt ein großer Lärm die Pauken die Trompeten
Dann entsteht ein großer Lärm, die Pauken und Trompeten,

fagotti e contrabbasso mi fanno disperar.
Fagotte und Kontrabaß mich (sie-)machen verzweifeln
Fagotte und Kontrabaß lassen mich verzweifeln.

il violino	Geige	**il flauto**	Flöte
la viola	Bratsche	**l'ottavino**	Pikkoloflöte
il violoncello	Cello	**l'oboe**	Oboe
il contrabbasso	Kontrabaß	**il fagotto**	Fagott
il pianoforte	Klavier	**il clarinetto**	Klarinette
il clavicembalo	Cembalo	**il corno**	Horn
l'organo	Orgel	**la tromba**	Trompete
l'arpa	Harfe	**il tamburo**	Trommel
la chitarra	Gitarre	**il timpano**	Pauke
accompagnare	begleiten	**suonare**	spielen (Instrum.)

Nachdem Rosina ihre Arie **"Contro un cor"** im 2. Akt des **"Barbiere di Siviglia"** beendet hat, ergibt sich folgender Dialog zwischen Almaviva, Rosina und Bartolo:

A: **Bella voce! Bravissima!**
schöne Stimme tüchtigst
Schöne Stimme! Sehr gut!

R: **Oh, mille grazie!**
oh tausend danke
Oh, vielen Dank!

B: **Certo, bella voce, ma quest'aria, cospetto!, è assai noiosa.**
sicher schöne Stimme aber diese'Arie potzblitz ist ziemlich langweilig
Gewiß, eine schöne Stimme, aber diese Arie, potzblitz, ist ziemlich langweilig.

La musica ai miei tempi era altra cosa.
die Musik zu-die meine Zeiten war andere Sache
Die Musik zu meinen Zeiten war etwas anderes.

Ah, quando, per esempio, cantava Caffariello quell'aria portentosa...
ah wann für Beispiel sang Caffariello jene'Arie wunderbare
Ach, als zum Beispiel Caffariello diese wunderbare Arie sang...

l'orchestra	Orchester	**il regista**	Regisseur
il direttore	Dirigent	**la messinscena**	Inszenierung
il/la cantante	Sänger(in)	**la prova**	Probe
il/la corista	Chorsänger(in)	**la rappresentazione**	Aufführung
il coro	Chor	**la prima**	Premiere
cantare	singen	**il biglietto**	Eintrittskarte

Wetter und Natur

Ein Streifzug durch die Opern Rossinis und Mozarts kommt einem Spaziergang durch unterschiedliche Witterungen gleich. Die Vorliebe des Schwans von Pesaro für Gewitter beispielsweise ist ja jedem Opernliebhaber bestens bekannt, schließlich läßt er im **"Barbiere"** wie auch in der **"Cenerentola"** ein solches wüten. Aus seiner Aschenputtel-Version stammt auch der kurze Dialog zwischen Tisbe und ihrem Vater Don Magnifico unmittelbar vor Ausbruch des Unwetters:

T: **Oh, fa mal tempo! Minaccia un temporale.**
oh (es-)macht schlecht Wetter (es-)droht ein Gewitter
Oh, das Wetter wird schlecht. Es kommt ein Gewitter auf.

M: **Altro che temporale! Un fulmine vorrei che incenerisse il cameriere.**
andere daß Gewitter ein Blitz (ich-)möchte daß einäscherte der Diener
Was heißt hier Gewitter!
Einen Blitz möchte ich, der den Diener vernichtet.

Freundlicher klingt da schon der Chor im ersten Akt des **"Mosè"**:

La dolce aurora che il ciel colora,
die süße Morgenröte daß der Himmel färbt
Die süße Morgenröte, die den Himmel einfärbt,

promette un giorno più bello ancor.
verspricht ein Tag mehr schön noch
verspricht einen noch schöneren Tag.

Auch des Grafen Almaviva Auftrittsarie aus dem **"Barbiere"** paßt sehr gut in diese Stimmung:

Ecco, ridente in cielo spunta la bella aurora
da lachend in Himmel auftaucht die schöne Morgenröte
Schau, lachend geht die Sonne am Himmel auf

Für Ninetta, die im Verlauf des Werks dann fälschlicherweise anstelle der **"Gazza ladra"**, der diebischen Elster, angeklagt wird, fängt der Tag sehr verheißungsvoll an:

Tutto sorridere mi veggo intorno,
alles lächeln mich (ich-)sehe herum
Alles lächelt um mich herum,

più lieto giorno brillar non può, no, no.
mehr froh Tag glänzen nicht kann nein nein
einen schöneren Tag kann es nicht geben.

Idomeneos Schwur, den ersten Menschen, dem er an Land begegnet, zu opfern, läßt ihn bekanntlich Neptuns Wut entkommen, und so kann er, als er wieder festen Boden unter den Füßen hat, feststellen:

Tranquillo è il mar, aura soave spira di dolce calma.
ruhig ist der Meer Luft lieblich weht von süße Ruhe
Ruhig ist das Meer, die milde Luft ist erfüllt von süßer Ruhe.

Und welches Thema bietet sich besser als das Wetter an, wenn es gilt, die Unsicherheit zu überspielen. So etwa im Gespräch zwischen Fiordiligi und Ferrando (**"Così fan tutte"**):

Fi: **Oh, che bella giornata!**
oh was schöne Tag
Was für ein schöner Tag!

Fe: **Caldetta anzi che no.**
wärmlich sogar daß nicht
Und ziemlich warm.

Vielleicht nicht so bekannt wie seine großen Opern, doch deshalb nicht weniger hörenswert ist Mozarts **"Il re pastore"** ("Der Hirte als König"). Alessandro alias Alexander der Große hat darin eine prächtig auftrumpfende Arie:

Si spande al sole in faccia nube talor così
sich ausbreitet zum Sonne in Gesicht Wolke manchmal so
Manchmal schiebt sich eine Wolke vor die Sonne,

e folgora e minaccia su l'arido terren.
und blitzt und droht auf der'trockene Boden
und es blitzt und droht über dem trockenen Boden.

Ma poi, che in quella foggia assai d'umori unì,
aber dann daß in jene Form genug von'Flüssigkeiten vereinte
Doch wenn sie sich dann auf diese Weise genug gefüllt hat,

tutta si scioglie in pioggia e gli feconda il sen.
ganz sich löst in Regen und ihm befruchtet der Brust
entlädt sie sich in Regen und macht den Boden fruchtbar.

fa bel tempo	das Wetter ist schön		
fa brutto tempo	das Wetter ist schlecht		
fa caldo	es ist warm	**il caldo**	Wärme
fa freddo	es ist kalt	**il freddo**	Kälte
c'è il sole	es ist sonnig	**il sole**	Sonne
c'è la nebbia	es ist neblig	**la nebbia**	Nebel
tira vento	es ist windig	**il vento**	Wind
piove	es regnet	**la pioggia**	Regen
nevica	es schneit	**la neve**	Schnee

Eine andere Arie aus dieser Oper führt uns durch die Natur:

Alla selva, al prato, al fonte io n'andrò col gregge amato.
zu-die Wald zum Wiese zum Quelle ich davon'gehen-werde mit-der Herde geliebte
Zum Wald, zur Wiese, zur Quelle werde ich mit meiner geliebten Herde ziehen.

Nicht ganz freiwillig zieht die nach Amerika deportierte Manon Lescaut mit Des Grieux durch die öde Wildnis in der Nähe von New Orleans:

Terreno brullo ed ondulato, orizzonte vastissimo, cielo annuvolato.
Boden öde und wellig Horizont weitest Himmel bewölkt
Ödes und welliges Gebiet, sehr weiter Horizont, bewölkter Himmel.

Cade la sera.
(es-)fällt die Abend
Es wird Abend.

G: **Tutta su me ti posa, o mia stanca diletta.**
ganz auf mich dich lege oh meine müde Liebste
Stütz dich ganz auf mich, mein müder Liebling.

La strada polverosa, la strada maledetta al termine s'avanza.
die Straße staubig die Straße schlechtgesagt zum Ende sich'nähert
Die verfluchte staubige Straße rückt endlich näher.

M: **Innanzi, innanzi ancor! ... L'aria d'intorno or si fa scura.**
voran voran noch die'Luft von'umher jetzt sich macht dunkel
Weiter, immer weiter!... Die Luft um uns herum wird schon dunkel.

Erra la brezza nella gran pianura
(es-)umherirrt die Brise in-die große Ebene
Der Wind streift in der großen Ebene umher,

e muore il giorno! Innanzi! Innanzi! […]
und (er-)stirbt der Tag voran voran
und der Tag geht zu Ende. Weiter! Weiter! [...]

G: **È nulla! nulla! Arida landa … non un filo d'acqua …**
o immoto cielo! […]
(es-)ist nichts nichts karge Heide nicht ein Faden von'Wasser
oh unbeweglicher Himmel
Nichts! Nichts! Trockene Heide ... nicht ein Tropfen Wasser ...
oh, regungsloser Himmel. [...]

M: **Senti, qui poserò! E tu scruta il mister**
hör hier (ich-)liegen-werde und du erforsche der Geheimnis
Hör zu, ich werde hier bleiben! Erforsche du das Geheimnis

dell'orizzonte, e cerca, cerca, monte - o casolar.
vom'Horizont und such such Berg oder Hütte
des Horizontes und such einen Berg oder eine Hütte.

Bach/Baum	**il ruscello/l'albero**
Berg/Blume	**il monte/il fiore**
Busch	**il cespuglio**
Ebene/Fluß	**la pianura/il fiume**
Frucht	**il frutto**
Hügel/Meer	**la collina/il mare**
Pflanze	**la pianta**
See/Strand	**il lago/la spiaggia**
Tal	**la valle**
(wildes) Tier	**l'animale (selvaggio)**
Vogel	**l'uccello**
Wald/Wiese	**il bosco/il prato**

Krank sein

Wer könnte uns besser in die Geheimnisse der Medizin einweihen und über die sinnvollsten Behandlungsmethoden aufklären als Dulcamara, der Quacksalber aus **"L'elisir d'amore"**:

Udite, udite, o rustici; attenti, non fiatate.
hört hört oh Bauern aufmerksam nicht atmet
Hört, ihr Bauern, paßt auf, atmet nicht.

Io già suppongo e immagino che al par di me sappiate
ich schon annehme und denke daß zum gleich von mir (ihr-)wißt
Ich vermute und nehme an, daß ihr wie ich wißt,

ch'io sono quel gran medico, dottore enciclopedico
daß'ich bin jener große Arzt Doktor enzyklopädisch
daß ich dieser große Arzt und enzyklopädische Doktor

chiamato Dulcamara la cui virtù preclara
genannt Dulcamara die dessen Tugend vortreffliche
namens Dulcamara bin, dessen herausragende Tugenden

e i portenti infiniti son noti all'Universo... e in altri siti.
und die Wunder unendliche sind bekannt zum Universum und in andere Orte
und endlose Wunder im Universum und an anderen Orten bekannt sind.

Benefattor degli uomini, riparator de' mali,
Wohltäter von-die Menschen Reparierer von-die Übel
Als Wohltäter der Menschen und Beheber der Übel

in pochi giorni io sgombero, io spazzo gli ospedali,
in wenige Tage ich räume ich fege die Krankenhäuser
räume und fege ich in wenigen Tagen die Krankenhäuser leer

e la salute a vendere per tutto il mondo io vo.
und die Gesundheit zu verkaufen für ganze der Welt ich will
und will der ganzen Welt die Gesundheit verkaufen.

Compratela, compratela, per poco io ve la do.
kauft-sie kauft-sie für wenig ich euch sie gebe
Kauft sie, kauft sie, ich gebe sie euch für wenig Geld.

Soviel zum Thema Eigenlob. Der Begriff "Götter in Weiß" muß wohl zu dieser Zeit geprägt worden sein.

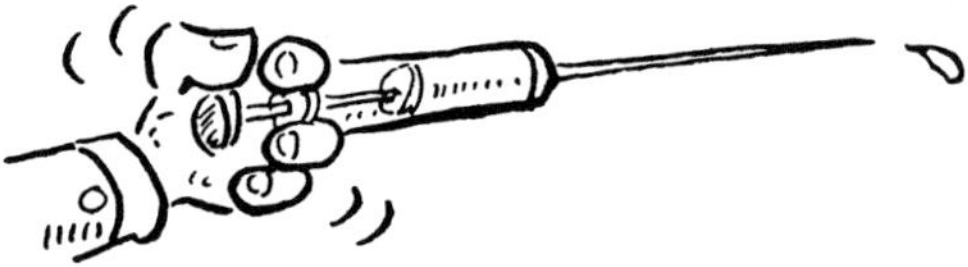

Mi fa male ... **(Mi fa male la testa.)** *mir macht schlecht* ... tut mir weh.		**Ho il mal di ...** **(Ho il mal di testa.)** *(ich-)habe der Übel von* Ich habe ...-Schmerzen.	
il braccio	Arm	**il ginocchio**	Knie
l'occhio	Auge	**la testa**	Kopf
il ventre	Bauch	**lo stomaco**	Magen
la gamba	Bein	**il muscolo**	Muskel
il petto	Brust	**il nervo**	Nerv
il piede	Fuß	**l'orecchio**	Ohr
la giuntura	Gelenk	**la costola**	Rippe
la gola	Hals, Kehle	**la schiena**	Rücken
la mano	Hand	**la spalla**	Schulter
il cuore	Herz	**il dente**	Zahn

Recht und Ordnung

Ein nicht unwesentlicher Anteil an den Verwicklungen des Handlungsfadens ist oftmals dem Konflikt zwischen Recht und Unrecht, zwischen den Gesetzen auf der einen und deren Übertretung oder Mißachtung auf der anderen Seite zuzuschreiben. Welch rauhe Sitten beispielsweise im alten China zu Zeiten Kaiser Altoums herrschten, stellt der Mandarin gleich zu Beginn von Puccinis **"Turandot"** unmißverständlich klar:

Popolo di Pechino! La legge è questa: Turandot la Pura
Volk von Peking die Gesetz ist diese Turandot die Reine
Bürger von Peking! So lautet das Gesetz: Turandot, die Reine,

sposa sarà di chi, di sangue regio,
Braut (sie-)sein-wird von wer von Blut königlich
wird den zum Mann nehmen, der, von königlichem Blut,

spieghi i tre enigmi ch'ella proporrà.
erkläre die drei Rätsel daß'sie vorschlagen-wird
die drei Rätsel löst, die sie stellt.

Ma chi affronta il cimento e vinto resta,
aber wer entgegentritt der Probe und besiegt bleibt
Doch wer sich der Prüfung stellt und unterliegt,

porga alla scure la superba testa!
gebe zu-die Beil die stolze Kopf
neige seinen stolzen Kopf vor dem Beil.

Selbst der Kaiser, Turandots Vater, ist von diesem blutrünstigen Schwiegersohn-Auswahlverfahren nicht besonders angetan:

Un giuramento atroce mi costringe a tener fede al fosco patto.
ein Schwur grausam mich zwingt zu halten Treue zum düsteren Pakt
Ein grausamer Schwur zwingt mich, den düsteren Pakt einzuhalten.

[...] È sacro il giuramento!
[...] (es-)ist heilig der Schwur
[...] Der Schwur ist heilig!

Ungleich milder empfindet man da doch die Strafe, die **"Gianni Schicchi"** und seinen Mitwissern für die "Korrekturen" an Buoso Donatis Testament drohen:

Prima un avvertimento! O signori, giudizio! Voi lo sapete il rischio?
zuerst ein Warnung oh Herren Vernunft ihr ihn kennt der Risiko
Zuerst eine Warnung! Seid vernünftig, meine Herrschaften! Kennt Ihr das Risiko?

"Per chi sostituisce sé stesso in luogo d'altri
für wer ersetzt sich selbst in Ort von'andere
Wer sich selbst an die Stelle anderer setzt

in testamenti e lasciti, per lui e per i complici
in Testamenten und Vermächtnissen für er und für die Komplizen
bei Testamenten und Hinterlassenschaften, demjenigen und seinen Komplizen

c'è il taglio della mano e poi l'esilio!"
da'ist der Schnitt von-die Hand und dann der'Exil
wird die Hand abgeschlagen, und danach steht das Exil.

Ricordatelo bene!
erinnertes gut
Denkt gut daran!

Der Besuch von **"Le nozze di Figaro"** kommt geradezu einem Kurz-Lehrgang in juristischer Terminologie gleich. Schon Bartolos Arie im 1. Akt (**"La vendetta"**) stellt klar, womit der Titelheld sich den ganzen Abend über herumzuschlagen haben wird:

Se tutto il codice dovessi volgere, se tutto l'indice dovessi leggere,
wenn alles der Kodex (ich-)müßte wenden wenn alles der'Index (ich-)müßte lesen
Wenn ich das ganze Gesetzbuch durcharbeiten müßte, wenn ich das ganze Verzeichnis lesen müßte,

con un equivoco, con un sinonimo qualche garbuglio si troverà.
mit ein Mißverständnis mit ein Synonym irgendein Wirrwarr man finden-wird
so wird sich mit einem Mißverständnis, mit einem Synonym irgendein Wirrwarr finden lassen.

In der Arie im 3. Akt gibt der Conte seiner Verärgerung darüber Ausdruck, daß Figaro nun scheinbar doch ungeschoren davon kommen soll:

Hai già vinto la causa!
(du-)hast schon gewonnen die Prozeß
Du hast den Prozeß schon gewonnen!

Doch kurz darauf verkündet der Richter, Don Curzio:

È decisa la lite. O pagarla o sposarla.
(es-)ist entschieden die Streit oder zahlen-sie oder heiraten-sie
Der Prozeß ist entschieden. Entweder er bezahlt, oder er heiratet sie.

Woraufhin der Conte erleichtert erklärt:

È giusta la sentenza.
(es-)ist gerecht die Urteil
Das Urteil ist gerecht.

l'avvocato	Rechtsanwalt	**la legge**	Gesetz
la carcere	Gefängnis	**la lite**	(Rechts-)Streit
colpevole	schuldig	**il notaio**	Notar
condannare	verurteilen	**la pena**	Strafe
il contratto	Vertrag	**la prigione**	Gefängnis
la difesa	Verteidigung	**pronunciare**	verkünden
la giustizia	Gerechtigkeit	**reo**	schuldig
(in)giusto	(un)gerecht	**la sentenza**	Urteil
innocente	unschuldig	**il tribunale**	Gericht

Schimpfwörter

Einen kleinen Einblick in den reichen Schatz der Schimpfwörter sollen uns Donizetti und Verdi ermöglichen. In dem beschwingten Einakter **"Rita"** des Meisters aus Bergamo bedenkt die Titelheldin ihren Mann mit einem ganzen Schwall wenig schmeichelhafter Titulierungen, als sie ihn beim scheinbaren **dolce far niente** ertappt:

Ma bene! È così che si lavora? Bevevi!
aber gut! (es-)ist so daß man arbeitet? (du-)trankest
Sehr schön! Das nennst du also arbeiten? Du hast getrunken!

Fannullone, lazzarone, poltrone, mascalzone, cialtrone, ubriacone!
Faulenzer, Nichtsnutz, Faultier, Schuft, Schurke, Säufer!

Auch in der Auseinandersetzung zwischen Dr. Cajus und Falstaffs Diener Pistola läßt die Wortwahl deutliche Schlüsse über die gegenseitige Wertschätzung zu:

C: **Bifolco! Tu parli a un gentiluomo!**
Schweinehirt! Du sprichst mit einem Edelmann!

P:	**Gonzo!** Dämel!	C:	**Pezzente!** Penner!
P:	**Bestia!** Vieh!	C:	**Can!** Hund!
P:	**Vil!** Feigling!	C:	**Spauracchio!** Vogelscheuche!
P:	**Gnomo!** Gnom!	C:	**Germoglio di mandragora!** Alraunensproß!

Sollten Sie noch tiefer in diese Materie eintauchen wollen, empfehle ich Ihnen die Lektüre meines ebenfalls in der "Kauderwelsch"-Reihe erschienenen Bandes **"ITALO-SLANG - DAS ANDERE ITALIENISCH"**, ISBN 3-89416-300-3. (Soviel Eigenwerbung sei mir gestattet!)

Deutsche Operntitel auf italienisch

Vielleicht nicht ganz uninteressant zur Wortschatzerweiterung sind die italienischen Titel deutscher Opern. Ich habe hier die wichtigsten zusammengestellt, damit Sie in Italien wissen, welche Oper Sie erwartet, wenn folgende Ankündigungen zu lesen sind:

MOZART:

Il ratto dal serraglio	Die Entführung aus dem Serail
Il flauto magico	Die Zauberflöte

STRAUSS:

Il cavaliere della rosa	Der Rosenkavalier
Arianna a Nasso	Ariadne auf Naxos
La donna senz'ombra	Die Frau ohne Schatten
Elena egizia	Die ägyptische Helena
La donna silenziosa	Die schweigsame Frau

WAGNER:

L'olandese volante/ Il vascello fantasma	Der Fliegende Holländer
Tristano e Isotta	Tristan und Isolde
I maestri cantori di Norimberga	Die Meistersinger von Nürnberg
L'anello del Nibelungo	Der Ring des Nibelungen
L'oro del Reno	Das Rheingold
La valchiria	Die Walküre
Sigfrido	Siegfried
Il crepuscolo degli dei	Götterdämmerung

WEBER:

Il franco cacciatore	Der Freischütz

Literaturempfehlungen

Wer nach der Lektüre des vorliegenden Bandes seine eben erworbenen oder aufgefrischten Italienisch-Kenntnisse zumindest passiv anwenden möchte, ist mit dem bei Mondadori erschienenen Opernführer **"Dizionario dell'opera lirica"** gut beraten. Auch wenn Sie Informationen über weniger bekannte Werke suchen, werden Sie nicht vergeblich blättern.

Bei den deutschsprachigen Pendants kann das schon als Klassiker zu bezeichnende **"Handbuch der Oper"** von Rudolf Kloiber (dtv) nach wie vor empfohlen werden. Von ganz anderer Art ist Wolfgang Körners **"Der einzig wahre Opernführer"** (rororo 5648), dessen Lektüre selbst die trübsten Tage aufzuheitern vermag.

Äußerst informativ und gleichzeitig sehr unterhaltsam ist Hubert Ortkempers auch als Taschenbuch erhältliches Werk **"Engel wider Willen - Die Welt der Kastraten"** (dtv 30468). Pflichtlektüre für jeden Opernfan, da endlich einmal die Geschichte dieser Kunstgattung aus dem richtigen Blickwinkel erzählt wird.

Allen, die sich ein wirklich gutes, dennoch nicht zu umfangreiches und teures Wörterbuch zulegen möchten, rate ich zum **Pons Globalwörterbuch** in zwei Bänden (Ernst Klett Verlag), das in vielen Situationen zuverlässig Hilfe bietet.

Natürlich könnten hier noch viele andere Titel aufgeführt werden, auch Hinweise zu besonders gelungenen Einspielungen wären sicherlich interessant, doch fehlt hierfür ganz einfach der Platz. Sollten Sie jedoch Fragen irgendwelcher Art haben, freue ich mich über Ihre Zuschrift, die Sie bitte an die Verlagsadresse richten (s. Impressum).

Wörterlisten

Die nachfolgenden Wörterlisten enthalten ein Grundvokabular von jeweils gut 1.000 Wörtern, ersetzen somit keinesfalls einen **dizionario**, bieten jedoch ein solides Gerüst für die ersten "originalsprachigen" Ausflüge ins Reich der Oper. Besonders berücksichtigt wurden natürlich Ausdrücke aus dem musikalischen Bereich und solche, auf die man in Opernlibretti häufig stößt, weshalb sich durchaus auch einige "exotische" Vokabeln darin befinden. Ausgespart wurden die Zahlen sowie der Bereich "Essen & Trinken" - hier sei auf die entsprechenden Kapitel verwiesen, die schnelle Hilfe ermöglichen.

Eigenschaftswörter sind immer in der männlichen Form angegeben; es versteht sich von selbst, daß ein auf **-o** endendes Adjektiv (**allegro**) in der weiblichen Form ein **-a** erhält (**allegra**) usw.

Das Geschlecht wird bei Hauptwörtern nur dann aufgeführt, wenn sie nicht auf **-o** oder **-a** enden, somit also nicht ohne weiteres zuzuordnen sind. Es bedeutet:

m = maskulin/männlich, **f** = feminin/weiblich, **pl** = Plural/Mehrzahl

Italienisch - Deutsch

A

a - in; nach; zu
a buon mercato - billig
a contanti - bar
a destra - rechts
a partire da - ab
a sinistra - links
abbastanza - ziemlich
abbracciare - umarmen
abitare - wohnen
abito - Anzug
accanto a - neben
accendere - einschalten; erregen
accento - Akzent; Ton(fall); Wort
accessori m/pl - Zubehör
acclamato - gefeiert
accordare - stimmen (Instrument)
acido - sauer
acqua - Wasser
acuto - hoher Ton

adatto - geeignet
addormentarsi - einschlafen
adorare - anbeten
aereo - Flugzeug
aeroporto - Flughafen
affanno - Sorge; Kummer
affascinante - faszinierend
affetto - Liebe
affitto - Miete
agenzia viaggi - Reisebüro
aiutare - helfen
albergo - Hotel
albero - Baum
allegro - lustig; fröhlich
alloggio - Unterkunft
alma - Seele
altero - stolz; hochmütig
altezza - Höhe
alto - hoch
altro - andere(r)
alzarsi - aufstehen
amare - lieben
amaro - bitter
ambiente m - Atmosphäre
ambulatorio - (Arzt-)Praxis
ammalato - krank
amore m - Liebe
anche - auch
ancora - noch
andare - gehen; fahren
anello - Ring
anima - Seele
animale m - Tier
anno - Jahr
antipatico - unsympathisch
ape f - Biene
appartamento - Wohnung
appassionato - leidenschaftlich
appena - kaum; sobald
applaudire - applaudieren
applauso - Applaus
apribottiglie m - Flaschenöffner
aprire - öffnen
apriscatole m - Dosenöffner
aquila - Adler
arancione - orange
archetto - Bogen (Violine)
argento - Silber
armadio - Schrank
arpa - Harfe
arrabbiato - wütend
arrangiamento - Bearbeitung
arredamento - Einrichtung
arrivare - ankommen
artista m+f - Künstler(in)
ascensore m - Fahrstuhl
asciugamano - Handtuch
asciugarsi - sich abtrocknen
ascoltare - anhören; zuhören
aspettare - warten
assegno - Scheck
assicurazione f - Versicherung
assorbente interno - Tampon
astuto - schlau
attento - aufmerksam
atto - Akt
attore m - Schauspieler
attrice f - Schauspielerin

auditorio - Zuschauerraum
autobus m - Bus
autunno - Herbst
avaro - geizig
avere - haben
aver bisogno di - brauchen
avventura - Abenteuer
azione f - Handlung

B

bacchetta - Taktstock
baffi m/pl - Schnurrbart
bagno - Bad(ezimmer)
ballare - tanzen
ballerino/ballerina - Tänzer/(in)
balletto - Ballett
bambino - Kind
banca - Bank (Geld)
banco - (Sitz-)Bank
barba - Bart
barca - Boot
baritono - Bariton
barzelletta - Witz
basso - Baß; niedrig
battaglia - Schlacht
batteria - Schlagzeug
battuta - Takt
bellezza - Schönheit
bello - schön
beltà - Schönheit
bene - gut (Adverb)
berretto - Mütze
biancheria - Wäsche
bianco - weiß
bicchiere m - (Trink-)Glas
bici(cletta) - Fahrrad
biglietteria - Theaterkasse
biglietto - Geldschein; Eintrittskarte
bilancia - Waage
binario - Gleis
biondo - blond
bis m - Zugabe
blu - blau
bocca - Mund
borsa - Tasche
borsellino - Geldbeutel
borsetta - Handtasche
bosco - Wald
bottone m - Knopf
braccialetto - Armband
braccio - Arm
bramare - begehren
brani scelti m/pl - Querschnitt
bravo - tüchtig
brutto - häßlich
bugia - Lüge
buono - gut (Adjektiv)

C

caccia - Jagd
cacciatore m - Jäger
caffettiera - Kaffeemaschine
calcio - Fußball
calcolare - rechnen
caldo - warm
calmo - (innerlich) ruhig
calze f/pl - Strümpfe
calzini m/pl - Socken

cambiare - tauschen; wechseln; verändern; umsteigen
cambiare casa - umziehen
cambio - Änderung; Wechselkurs
camera - Zimmer
camera da letto - Schlafzimmer
camera da pranzo - Eßzimmer
camicetta - Bluse
camicia - Hemd
candela - Kerze
cane m - Hund
cantante m+f - Sänger(in)
cantare - singen
cantina - Keller
canto - Gesang
canzone f - Lied
capace - fähig
capello - Haar
capire - verstehen
cappello - Hut
cappotto - Mantel
capra - Ziege
carbone m - Kohle
carne f - Fleisch
caro - teuer
carta - Papier
carta d'identità - Personalausweis
carta igienica - Toilettenpapier
casa - Haus
casalinga - Hausfrau
cassa - Kasse
castello - Schloß; Burg
catena - Kette
cattivo - schlecht (Adjektiv)
cavallo - Pferd
cavatappi m - Korkenzieher
cedere - weichen; nachgeben
celibe - ledig (Mann)
centimetro - Zentimeter
cercare - suchen
cerotto - Pflaster
certo - gewiß
cervello - Gehirn
cespuglio - Busch
cessare - aufhören
che - daß
che?/che cosa? - was?
chi? - wer?
chiamarsi - heißen
chiaro - hell
chiave f - Schlüssel
chiave f di violino - Violinschlüssel
chiedere - fragen
chiesa - Kirche
chilo - Kilogramm
chilometro - Kilometer
chitarra - Gitarre
chiudere - schließen
cieco - blind
cielo - Himmel
cinema m - Kino
cintura - Gürtel
ciotola - Schüssel
città - Stadt
clarinetto - Klarinette
clavicembalo - Cembalo
cognome m - Familienname
collina - Hügel

collo - Hals
colore m - Farbe
coltello - Messer
come? - wie?
cominciare - anfangen; beginnen
commuovere - (innerlich) rühren
comparsa - Statist(in)
compenso - Lohn; Belohnung
compleanno - Geburtstag
comporre - komponieren
compositore m - Komponist
composizione f - Komposition
comprare - kaufen
comprendere - begreifen
compressa - Tablette
con - mit
concerto - Konzert
confezione f - Packung
conforto - Trost
conosciuto - bekannt
conservatorio - Musikhochschule
contadino - Bauer
contento - zufrieden
continuare - weitermachen
contrabbasso - Kontrabaß
contralto - Alt
contrario - Gegenteil
contro - gegen
coperta - Decke
coraggio - Mut
corda - Saite
corde vocali f/pl - Stimmbänder
coreografo - Choreograph
corno - Horn
coro - Chor
corpo - Körper
correggere - verbessern
corrente f - Strom
corretto - richtig; verbessert
cortile m - Hof
cosa - Sache; Ding
cosa? - was?
così - so
costringere - zwingen
costruire - bauen
cotone m - Baumwolle
credere - glauben
crema - Creme
crudele - grausam
cucchiaino - Kaffeelöffel; Teelöffel
cucchiaio - Löffel
cucina - Herd
cucinare - kochen
cugino/cugina - Cousin/Cousine
cuoio - Leder
cuore m - Herz
cuscino - Kissen

D

da - von; aus
dado - Würfel
dannato - verdammt
dare - geben
data di nascita - Geburtsdatum
davanti a - vor (örtlich)
debiti m/pl - Schulden
debole - schwach
debuttare - debütieren

debutto - Debüt
decidere - entscheiden
delizia - Wonne; Entzücken
denaro - Geld
dente m - Zahn
dentifricio - Zahnpasta
dentista m - Zahnarzt
dentro - innen; drinnen; rein
destino - Schicksal
detestare - verabscheuen
dì m - Tag
di - von; aus
di fronte a - gegenüber
di nuovo - wieder
diavolo - Teufel
didietro - Hintern
dietro - hinter
difendere - verteidigen
difficile - schwierig
diletto - Vergnügen; Geliebter
diligente - fleißig
dimenticare - vergessen
dipinto - Gemälde
dire - sagen
direttore d'orchestra - Dirigent
dirigere - dirigieren
disco - Schallplatte
disperato - verzweifelt
disperazione f - Verzweiflung
disprezzare - verachten
disprezzo - Verachtung
dito - Finger
divertente - amüsant
divorziare - sich scheiden lassen
divorziato - geschieden
doccia - Dusche
dolce - süß
dolore m - Schmerz
domandare - fragen
domani - morgen
donare - schenken
donna - Frau
dopo - nach (zeitlich)
dopodomani - übermorgen
doppia - Doppelzimmer
dormire - schlafen
dove? - wo?
dovere - müssen; schulden
drago - Drache
dunque - also
durante - während (+ Substantiv)
duro - hart

E

e - und
eccellente - ausgezeichnet
eccezionale - außergewöhnlich
economico - billig
elicottero - Hubschrauber
enigma m - Rätsel
entrata - Eingang; Eintritt
esaurito - ausverkauft
esordire - debütieren
essere - sein
estate - Sommer
età - Alter
evento - Ereignis

F

faccia - Gesicht
facile - einfach
fagotto - Fagott
falso - falsch
famoso - berühmt
fare - machen; tun
far colazione - frühstücken
fare della musica - musizieren
far fiasco - durchfallen
fare il bagno - baden
fare la doccia - duschen
fare la spesa - einkaufen
farsi la barba - sich rasieren
farfalla - Schmetterling
farmacia - Apotheke
fattoria - Bauernhof
fausto - glücklich
favoloso - fabelhaft
fazzoletto - Taschentuch
fede f - Ehering
fedele - treu
felice - glücklich
ferie pl - Ferien
fermata - Haltestelle
ferro - Eisen
ferro da stiro - Bügeleisen
ferrovia - Eisenbahn
fiamma - Flamme
fiasco - Mißerfolg
fiducia - Vertrauen
figlia/figlio - Tochter/Sohn
fila - (Sitz-)Reihe
fine m settimana - Wochenende
finestra - Fenster
finire - aufhören; beenden
fino a - bis
fiore m - Blume
fischiare - auspfeifen
fiume m - Fluß
flauto - Flöte
follia - Wahnsinn
forbici f/pl - Schere
forchetta - Gabel
forno - Ofen
forte - stark
fortuna - Glück
forza - Kraft
fra - zwischen
frase f - Satz
fratello - Bruder
freddo - kalt
fronte f - Stirn
frutta - Obst
frutto - Frucht
fumare - rauchen
funesto - unheilvoll
fuoco - Feuer
fuori - außen; draußen; raus
furbo - schlau
furia/furore m - Wut

G

gabinetto - Toilette
galleria - Rang (Oper)
gamba - Bein
gatto - Katze
gelosia - Eifersucht

geloso - eifersüchtig
gemiti m/pl - Seufzer
generoso - großzügig
genitori m/pl - Eltern
gentile - freundlich
giacca - Sakko; Jacke
giallo - gelb
giammai - nie(mals)
giardino - Garten
ginocchio - Knie
giocare - spielen (Spiel)
giocattolo - Spielzeug
gioco - Spiel
gioia - Freude
giorno - Tag
giovane - jung
giradischi m - Schallplattenspieler
girare - drehen (auch: Film)
gita - Ausflug
giusto - gerecht; richtig
gocce f/pl - Tropfen
godere - genießen
gola - Kehle
gomma - Gummi
gonna - Rock
grammo - Gramm
grande - groß
grasso - dick
grato - dankbar
grigio - grau
grosso - dick
guadagnare - verdienen (Geld)
guancia - Wange
guanti m/pl - Handschuhe
guardare - anschauen; zuschauen
guardaroba - Garderobe
guida - Leitung; Führung; Führer

I

ieri - gestern
ieri l'altro - vorgestern
igiene f - Hygiene
imparare - lernen
impero - Reich; Herrschaft
impersonare - verkörpern
implacabile - unerbittlich
impossibile - unmöglich
improbabile - unwahrscheinlich
in - in; nach (örtlich)
incapace - unfähig
incisione f - Aufnahme
incredibile - unglaublich
indifferente - gleichgültig
indipendente - unabhängig
infame - schändlich
infamia - Schande; Schandtat
infedele - untreu
infiammare - entflammen
ingiusto - ungerecht
ingrato - undankbar
iniezione f - Spritze
innamorato - verliebt
inoltre - außerdem
insetto - Insekt
intelligente - klug
intenzione f - Absicht
interessante - interessant
interruttore m - (Licht-)Schalter

intervallo - Pause
intestino - Darm
inutile - zwecklos
invano - vergeblich
invece - jedoch
invece di - statt
inventare - erfinden
inverno - Winter
invitare - einladen
io - ich

L

labbro - Lippe
lacrima/lagrima - Träne
lago - See
lamento - Klage
lana - Wolle
languire - schmachten
larghezza - Breite
largo - breit; weit
lasciare - lassen; verlassen
lavabo - Waschbecken
lavare/lavarsi - waschen/sich waschen
lavatrice f - Waschmaschine
lavorare - arbeiten
leggere - lesen
leggero - leicht
leggiadro - anmutig
leggio - (Dirigenten-)Pult
legno - Holz
lei - sie; Sie (Anrede Einzahl)
leone m - Löwe
letto - Bett
lettore cd m - CD-Spieler
libero - frei
libertà - Freiheit
lingua - Sprache; Zunge
liscio - glatt
loro - sie (pl); Sie (Anrede pl)
lotta - Kampf
lottare - kämpfen
luce f - Licht
lui - er
luna - Mond
luogo di nascita - Geburtsort

M

ma - aber
macchia - Fleck
macchina - Wagen; Auto
macchina fotografica - Fotoapparat
maglietta - T-Shirt
magro - dünn (Statur)
mai (più) - nie (mehr)
maiale m - Schwein
malato - krank
malattia - Krankheit
male - schlecht (Adverb)
maledetto - verflucht
mancare - fehlen
mangianastri m - Kassettenrecorder
mangiare - essen
mano f - Hand
mare m - Meer
marito - Ehemann
marrone - braun
materiale m - Material
mattina - Vormittag

mattino - Morgen
matto - verrückt
medico - Arzt
melodia - Melodie
meno - weniger
mentire - lügen
mento - Kinn
mentre - während (+ Verb)
meraviglioso - wunderbar
mercato - Markt
meritare - verdienen (fig)
messinscena - Inszenierung
metallo - Metall
metro - Meter
metro(politana) - U-Bahn
mettere - stellen; legen
mettere in ordine - aufräumen
mezzanotte f - Mitternacht
mezzogiorno - Mittag
mezzosoprano - Mezzosopran
millimetro - Millimeter
minuto - Minute
misterioso - geheimnisvoll
misura - Maß
misurare - messen
mobili m/pl - Möbel
modesto - bescheiden
modo maggiore/minore - Dur/Moll
moglie f - Ehefrau
mondo - Welt
moneta - Münze
monte m - Berg
morbido - weich
morbo - Krankheit; Leid
morire - sterben
morte f - Tod
morto - tot
mosca - Fliege
moto(cicletta) - Motorrad
motorino - Moped
multicolore - bunt
muro - Mauer
muscolo - Muskel
museo - Museum
musica (sacra) - (geistliche) Musik
musicale - musikalisch
musicassetta - Kassette
musicista m+f - Musiker(in)
muto - stumm

N

nascere - geboren werden
nascita - Geburt
nascondere - verstecken; verbergen
naso - Nase
nastro - Band; Kassette
nave f - Schiff
né ... né ... - weder ... noch ...
neanche - auch nicht; nicht einmal
nebbia - Nebel
negare - leugnen
negozio - Geschäft
nemmeno/neppure - auch nicht; nicht einmal
nero - schwarz
nessuno - niemand
neve f - Schnee
nevicare - schneien

niente - nichts
nipote m/f - Neffe/Nichte; Enkel(in)
noi - wir
nome m - (Vor-)Name
non - nicht
non ancora - noch nicht
nonna/nonno - Großmutter/Großvater
nonni m/pl - Großeltern
nostalgia - Sehnsucht
nota - Note
noto - bekannt
notte f - Nacht
nube f - Wolke
nubile - ledig (Frau)
nuca - Nacken
nudo - nackt
nulla - nichts
nuovo - neu
nuvola - Wolke

O

oboe m - Oboe
occhio - Auge
occupato - besetzt; beschäftigt
odiare - hassen
odio - Haß
offrire - anbieten
oggi - heute
ombrello - Schirm
ora - Stunde
orchestra - Orchester
orecchino - Ohrring
orecchio - Ohr
organo - Orgel
orgoglioso - stolz
oro - Gold
orologio - Uhr
orrore m - Entsetzen
osare - wagen
ospedale m - Krankenhaus
osso - Knochen
ottavino - Piccoloflöte

P

pace f - Frieden
padella - Pfanne
paese m - Dorf; Land
pagare - zahlen; bezahlen
paglia - Stroh
palco - Loge
palcoscenico - Bühne
pallido - blaß
palpito - Herzklopfen; Herzschlag
panchina - (Sitz-)Bank
pancia - Bauch
pantaloni pl - Hose
parco - Park
parlare - sprechen
parola - Wort
parte f - Partie; Teil
parte f principale - Hauptrolle
parte f secondaria - Nebenrolle
partire - abfahren; abreisen
partitura - Partitur
passaporto - Paß
passare - verbringen; vorbeigehen
passatempo - Zeitvertreib
passeggiata - Spaziergang

passione f - Leidenschaft
pastiglia - Tablette
patente f - Führerschein
pauroso - ängstlich
paventare - sich fürchten
pavimento - Fußboden
pazienza - Geduld
pazzo - verrückt
pecora - Schaf
pelle f - Haut; Leder
pena - Leid
pene m - Penis
pensare - denken
pentirsi - bereuen
pentola - Topf
per - für; wegen
perché - weil
perché? - warum?
perdere - verlieren
però - aber
pesante - schwer
pesare - wiegen
pescare - fischen
pescatore m - Fischer
pesce m - Fisch
peso - Gewicht
petrolio - Erdöl
pettinarsi - sich kämmen
pettine m - Kamm
petto - Brust
piacere - gefallen; schmecken
piangere - weinen
piano - leise
pianoforte m - Klavier
pianta - Pflanze
pianta della città - Stadtplan
pianura - Ebene
piatto - Teller
piazza - Platz (Stadt)
piccante - scharf
picchiare - schlagen
piccolo - klein
piede m - Fuß
pietà - Mitleid
pietra - Stein
pigiama m - Schlafanzug
pigro - faul
pioggia - Regen
piove - es regnet
piscina - Schwimmbad
più - mehr
plastica - Plastik
platea - Parkett
polmone m - Lunge
poltrona - Sessel
pomata - Salbe
pomeriggio - Nachmittag
ponte m - Brücke
popolare - beliebt
porta - Tür
portafoglio - Brieftasche
porto - Hafen
posate f/pl - Besteck
possibile - möglich
posto - (Sitz-)Platz
posto in piedi - Stehplatz
potere - können; dürfen
povero - arm

prato - Wiese
preferire - lieber mögen
preludio - Vorspiel
prendere - nehmen
prendere parte - teilnehmen
prenotare - reservieren; buchen
prenotazione f - Reservierung
preoccupazione f - Sorge
presa - Steckdose
presagio - Vorahnung
prescrivere - verschreiben
preservativo - Kondom
presto - früh
prima - Premiere
prima di - vor (zeitlich)
primavera - Frühling
primo - erster
probabile - wahrscheinlich
professione f - Beruf
profondità - Tiefe
profondo - tief
profumo - Parfum
progetto - Plan
pronto soccorso - Ambulanz; Erste Hilfe
pronunciare - aussprechen; betonen
proposta - Vorschlag
proprio - wirklich
protagonista m+f - Titelpartie; Hauptrolle
prova - Probe
prova generale - Generalprobe
provare - probieren; versuchen
prudente - vorsichtig
pubblico - Publikum
pulire - putzen
pulito - sauber
pullover m - Pullover
pupillo - Mündel
pure - auch

Q

quadro - Gemälde
quale? - welche(r)?
quando - wenn (zeitlich)
quando? - wann?
quanto? - wieviel?
quartiere m - Stadtviertel
quella/quello - jene/jener
questa/questo - diese/dieser

R

raccogliere - sammeln
raccolta - Sammlung
radio f - Radio
ragione f - Vernunft
rappresentazione f/recita - Aufführung; Vorstellung
recital m - Liederabend; Soloabend
regalare - schenken
regalo - Geschenk
regia - Regie
regista m+f - Regisseur(in)
registrare - aufnehmen (Musik)
registrazione (integrale) f - (Gesamt-)Aufnahme
registro - Stimmlage
rendere - zurückgeben

repertorio - Spielplan
restare - bleiben
ribalta - Rampe
ricco - reich
ricetta - Rezept
ricordarsi - sich erinnern
ricordo - Erinnerung
ridonare - wiedergeben
ridotto - Foyer
rilassante - entspannend
rilassarsi - sich entspannen
rimanere - bleiben
rimembranza - Erinnnerung
rimorso - Reue; Gewissensbiß
rinunciare - verzichten
riposarsi - sich ausruhen
riscaldamento - Heizung
risentimento - Groll
risparmiare - sparen
rispondere - antworten
ritardo - Verspätung
ritornare - wiederkehren
ritratto - Bildnis
ritrovare - wiederfinden
rivedere - wiedersehen
robusto - kräftig
rosa - rosa
rossetto - Lippenstift
rosso - rot
ruolo - Rolle
ruscello - Bach
ruvido - rauh

S
sabbia - Sand
sacerdote m - Priester
sacrificare - opfern
sacrifizio - Opfer
salato - salzig
salire - einsteigen
salotto - Wohnzimmer
sangue m - Blut
sano - gesund
sapere - wissen; können
sapone m - Seife
sasso - Stein
sbagliarsi - sich irren
sbagliato - falsch
scala - Treppe; Leiter; Tonleiter
scapolo - Junggeselle
scarpe f/pl (da tennis) - (Turn-)Schuhe
scendere - aussteigen
schiaffo - Ohrfeige
schiena - Rücken
schifo - Ekel
sciarpa - Schal
sconosciuto - unbekannt
scopa - Besen
scoprire - entdecken
scordato - verstimmt (Instrument)
scrivere - schreiben
scuola - Schule
scuro - dunkel
sdegno - Empörung
se - falls; wenn
secchio - Eimer

secondo - Sekunde
sedere m - Gesäß
sedia - Stuhl
seno - Brust (der Frau)
sensazione f - Empfindung
senso - Sinn
sentimento - Gefühl
sentire - fühlen; hören; riechen
senza - ohne
sera - Abend
serbare - bewahren
serio - ernst(haft)
serva/servo - Magd/Diener
seta - Seide
sfortunato - unglücklich
si - man
si dice - man sagt
sicuro - sicher
significato - Bedeutung
simpatia - Zuneigung
simpatico - nett
sincero - aufrichtig
singola - Einzelzimmer
sino a - bis
sipario - Vorhang
smalto - Nagellack
smania - Raserei
smettere - aufhören
snello - schlank
soggiorno - Wohnzimmer
sogno - Traum
soldi m/pl - Geld
sole m - Sonne
soluzione f - Lösung
sonno - Schlaf
sopra - über
soprano - Sopran
sordo - taub
sorella - Schwester
sorprendere - überraschen
sospetto - Verdacht
sospirare - seufzen
sospiro - Seufzer
sottile - dünn
sotto - unter
spalla - Schulter
spartito - Klavierauszug
spavento - Schreck(en)
spazzola - Bürste
spazzolino da denti - Zahnbürste
specchio - Spiegel
spegnere - ausschalten
speme f - Hoffnung
spendere - ausgeben
speranza - Hoffnung
sperare - hoffen
spettatore m - Zuschauer
spiaggia - Strand
spiccioli m/pl - Kleingeld
spilla - Brosche
spina - Stachel; (Elektro-)Stecker
spiritoso - geistreich
spogliarsi - sich ausziehen
sporco - schmutzig
sportello - Schalter
sposa/sposo - Braut/Bräutigam
sposarsi - heiraten
sposato - verheiratet

stagione f - Spielzeit; Saison; Jahreszeit
stanco - müde
stanza - Zimmer
stanza dei bambini - Kinderzimmer
stare - sein; bleiben
stazione f - Bahnhof
steccare - kicksen
stella - Stern
stirare - bügeln
stivali m/pl - Stiefel
stoffa - Stoff
stomaco - Magen
stonare - falsch singen
stoviglie f/pl - Geschirr
strada - Straße
strano - merkwürdig; seltsam
stretto - eng; schmal
strumento musicale - Musikinstrument
studiare - lernen
studio - Arbeitszimmer
stupido - dumm
su - auf
successo - Erfolg
suggeritore m - Souffleur
suoceri m/pl - Schwiegereltern
suonare - spielen (Instrument)
suonare a quattro mani - vierhändig spielen
supposte f/pl - Zäpfchen
sveglia - Wecker
svegliare - wecken
svegliarsi - aufwachen
sventura - Unglück
sventurato - unglückselig

T

tamburo - Trommel
tappeto - Teppich
tardi - spät
tasto - Taste
tavola - Tisch
tazza - Tasse
teatro - Theater
teatro lirico - Opernhaus
televisore m - Fernsehgerät
temere - fürchten
temperatura - Temperatur
tempo - Zeit; Takt; Wetter
tempo libero - Freizeit
tenere - halten
tenore m - Tenor
tentare - versuchen
terra - Erde
testa - Kopf
testicolo - Hoden
timido - schüchtern
tiranno - Tyrann
tiro - Schuß
tonalità - Tonart
tono - Ton
tormento - Qual
torre f - Turm
torto - Unrecht
tra - zwischen
tradimento - Verrat
tradire - verraten

tram m - Straßenbahn
trama - Handlung
tramonto - Sonnenuntergang
trascorrere - vergehen (Zeit); verbringen
trasmissione f (radiofonica/televisiva) - (Radio-/Fernseh-)Übertragung
trasparente - durchsichtig
tremare - zittern
treno - Zug
triste - traurig
tromba - Trompete
trombone m - Posaune
trovare - finden
truccarsi - sich schminken
tu - du
tuta - Trainingsanzug
tutore m - Vormund

U
uccello - Vogel
ultimo - letzter
università - Universität
uomo - Mann; Mensch
uscire - ausgehen; weggehen
uscita - Ausgang
usignolo - Nachtigall
utile - hilfreich; nützlich

V & Z
vacanze f/pl - Urlaub
vagina - Scheide
valigia - Koffer
valle f - Tal
vano - vergeblich; nichtig
vasca da bagno - Badewanne
vaso - Vase
vasto - weitgefaßt; weitläufig
vecchio - alt
vedere - sehen
vedova/vedovo - Witwe/Witwer
vegliare - wachen
velocità - Geschwindigkeit
vendere - verkaufen
vendetta - Rache
vendicare - rächen
venire - kommen
vento - Wind
ventre m - Bauch
verde - grün
verdura - Gemüse
vergogna - Schande
versatilità - Vielseitigkeit
vestirsi - sich anziehen
vestito - Kleid
vetro - Glas (Material)
via - Straße
viaggiare - reisen
viaggio - Reise
vigliacco - feige
vigore m - Kraft; Stärke
vile - feige
villaggio - Dorf
vincere - gewinnen
viola - Bratsche
violino - Violine; Geige
violoncello - Cello
viso - Gesicht

vita - Leben
vittoria - Sieg
vivace - lebhaft
voce f - Stimme
voglia (di) - Lust (zu/auf)
voi - ihr; Ihr (Anrede Einzahl); Sie (Anrede pl)
volere - wollen
zia/zio - Tante/Onkel

Deutsch - Italienisch

A

ab - **a partire da**
Abend - **sera**
Abenteuer - **avventura**
aber - **ma; però**
abfahren - **partire**
Absicht - **intenzione f**
sich abtrocknen - **asciugarsi**
Adler - **aquila**
Akt - **atto**
Akzent - **accento**
also - **dunque**
alt - **vecchio**
Alt - **contralto**
Alter - **età**
Ambulanz - **pronto soccorso**
amüsant - **divertente**
anbeten - **adorare**
anbieten - **offrire**
andere(r) - **altro**
anfangen - **cominciare**
ängstlich - **pauroso**
anhören - **ascoltare**
ankommen - **arrivare**
anmutig - **leggiadro**
anschauen - **guardare**
antworten - **rispondere**
sich anziehen - **vestirsi**
Anzug - **abito**
Apotheke - **farmacia**
applaudieren - **applaudire**
Applaus - **applauso**
arbeiten - **lavorare**
Arbeitszimmer - **studio**
arm - **povero**
Arm - **braccio**
Armband - **braccialetto**
Arzt - **medico**
Atmosphäre - **ambiente m**
auch - **anche; pure**
auch nicht - **neanche; neppure; nemmeno**
auf - **su**
Aufführung - **recita; rappresentazione f**
aufhören - **finire; smettere; cessare**
aufmerksam - **attento**
Aufnahme - **registrazione; incisione f**
aufnehmen (Musik) - **registrare**
aufräumen - **mettere in ordine**
aufrichtig - **sincero**
aufstehen - **alzarsi**

aufwachen - **svegliarsi**
Auge - **occhio**
aus - **di; da**
Ausflug - **gita**
Ausgang - **uscita**
ausgeben - **spendere**
ausgehen - **uscire**
ausgezeichnet - **eccellente**
auspfeifen - **fischiare**
sich ausruhen - **riposarsi**
ausschalten - **spegnere**
außen - **fuori**
außerdem - **inoltre**
außergewöhnlich - **eccezionale**
aussprechen - **pronunciare**
aussteigen - **scendere**
ausverkauft - **esaurito**
sich ausziehen - **spogliarsi**
Auto - **macchina**

B

Bach - **ruscello**
Bad(ezimmer) - **bagno**
baden - **fare il bagno**
Badewanne - **vasca da bagno**
Bahnhof - **stazione f**
Ballett - **balletto**
Bank (Geld) - **banca**
Bank (Sitz-) - **panchina; banco**
bar - **a contanti**
Bariton - **baritono**
Bart - **barba**
Baß - **basso**
Bauch - **ventre m; pancia**
bauen - **costruire**
Bauer - **contadino**
Bauernhof - **fattoria**
Baum - **albero**
Baumwolle - **cotone m**
Bearbeitung - **arrangiamento**
Bedeutung - **significato**
begehren - **bramare**
beginnen - **cominciare**
begreifen - **comprendere**
Bein - **gamba**
bekannt - **conosciuto; noto**
beliebt - **popolare**
Belohnung - **compenso**
bereuen - **pentirsi**
Berg - **monte m**
Beruf - **professione f**
berühmt - **famoso**
beschäftigt - **occupato**
bescheiden - **modesto**
Besen - **scopa**
besetzt - **occupato**
Besteck - **posate f/pl**
betonen - **pronunciare**
Bett - **letto**
bewahren - **serbare**
bezahlen - **pagare**
Biene - **ape f**
Bildnis - **ritratto**
billig - **a buon mercato; economico**
bis - **fino a; sino a**
bitter - **amaro**
blaß - **pallido**

blau - **blu**
bleiben - **(re)stare; rimanere**
blind - **cieco**
blond - **biondo**
Blume - **fiore m**
Bluse - **camicetta**
Blut - **sangue m**
Bogen (Violine) - **archetto**
Boot - **barca**
Bratsche - **viola**
brauchen - **aver bisogno di**
braun - **marrone**
Braut - **sposa**
Bräutigam - **sposo**
breit - **largo**
Breite - **larghezza**
Brieftasche - **portafoglio**
Brosche - **spilla**
Brücke - **ponte m**
Bruder - **fratello**
Brust - **petto; seno** (Frau)
buchen - **prenotare**
Bügeleisen - **ferro da stiro**
bügeln - **stirare**
Bühne - **palcoscenico**
bunt - **multicolore**
Burg - **castello**
Bürste - **spazzola**
Bus - **autobus m**
Busch - **cespuglio**

C

CD-Spieler - **lettore cd m**
Cello - **violoncello**
Cembalo - **clavicembalo**
Chor - **coro**
Choreograph - **coreografo**
Cousin/Cousine - **cugino/cugina**
Creme - **crema**

D

dankbar - **grato**
Darm - **intestino**
daß - **che**
Debüt - **debutto**
debütieren - **debuttare; esordire**
Decke - **coperta**
denken - **pensare**
dick - **grasso; grosso**
Diener - **servo**
diese/dieser - **questa/questo**
Ding - **cosa**
Dirigent - **direttore d'orchestra**
dirigieren - **dirigere**
Doppelzimmer - **doppia**
Dorf - **villaggio; paese m**
Dosenöffner - **apriscatole m**
Drache - **drago**
draußen - **fuori**
drehen (auch Film) - **girare**
drinnen - **dentro**
du - **tu**
dumm - **stupido**
dunkel - **scuro**
dünn - **magro** (Statur); **sottile**
Dur - **modo maggiore**
durchfallen - **far fiasco**
durchsichtig - **trasparente**

dürfen - **potere**
Dusche - **doccia**
duschen - **fare la doccia**

E

Ebene - **pianura**
Ehefrau/Ehemann - **moglie f/marito**
Ehering - **fede f**
Eifersucht - **gelosia**
eifersüchtig - **geloso**
Eimer - **secchio**
einfach - **facile**
Eingang - **entrata**
einkaufen - **fare la spesa**
einladen - **invitare**
Einrichtung - **arredamento**
einschalten - **accendere**
einschlafen - **addormentarsi**
einsteigen - **salire**
Eintritt - **entrata**
Eintrittskarte - **biglietto**
Einzelzimmer - **singola**
Eisen - **ferro**
Eisenbahn - **ferrovia**
Ekel - **schifo**
Eltern - **genitori pl**
Empfindung - **sensazione f**
Empörung - **sdegno**
eng - **stretto**
Enkel(in) - **nipote m/f**
entdecken - **scoprire**
entflammen - **infiammare**
entscheiden - **decidere**
Entsetzen - **orrore m**
sich entspannen - **rilassarsi**
entspannend - **rilassante**
Entzücken - **delizia**
er - **lui**
Erde - **terra**
Erdöl - **petrolio**
Ereignis - **evento**
erfinden - **inventare**
Erfolg - **successo**
sich erinnern - **ricordarsi**
Erinnerung - **ricordo; rimembranza**
ernst(haft) - **serio**
erregen - **accendere**
Erste Hilfe - **pronto soccorso**
erster - **primo**
essen - **mangiare**
Eßzimmer - **camera da pranzo**

F

fabelhaft - **favoloso**
Fagott - **fagotto**
fähig - **capace**
fahren - **andare**
Fahrrad - **bici(cletta)**
Fahrstuhl - **ascensore m**
falls - **se**
falsch - **falso; sbagliato**
falsch singen - **stonare**
Familienname - **cognome m**
Farbe - **colore m**
faszinierend - **affascinante**
faul - **pigro**
fehlen - **mancare**
feige - **vigliacco; vile**

Fenster - **finestra**
Ferien - **ferie pl**
Fernsehgerät - **televisore m**
Fernsehübertragung - **trasmissione f televisiva**
Feuer - **fuoco**
finden - **trovare**
Finger - **dito**
Fisch - **pesce m**
fischen - **pescare**
Fischer - **pescatore m**
Flamme - **fiamma**
Flaschenöffner - **apribottiglie m**
Fleck - **macchia**
Fleisch - **carne**
fleißig - **diligente**
Fliege - **mosca**
Flöte - **flauto**
Flughafen - **aeroporto**
Flugzeug - **aereo**
Fluß - **fiume m**
Fotoapparat - **macchina fotografica**
Foyer - **ridotto**
fragen - **domandare; chiedere**
Frau - **donna**
frei - **libero**
Freiheit - **libertà**
Freizeit - **tempo libero**
Freude - **gioia**
freundlich - **gentile**
Frieden - **pace f**
fröhlich - **allegro**
Frucht - **frutto**
früh - **presto**
Frühling - **primavera**
frühstücken - **far colazione**
fühlen - **sentire**
Führerschein - **patente f**
Führung - **guida**
für - **per**
fürchten - **temere**
sich fürchten - **paventare**
Fuß - **piede m**
Fußball - **calcio**
Fußboden - **pavimento**

G
Gabel - **forchetta**
Garderobe - **guardaroba**
Garten - **giardino**
geben - **dare**
geboren werden - **nascere**
Geburt - **nascita**
Geburtsdatum - **data di nascita**
Geburtsort - **luogo di nascita**
Geburtstag - **compleanno**
Geduld - **pazienza**
geeignet - **adatto**
gefallen - **piacere**
gefeiert - **acclamato**
Gefühl - **sentimento**
gegen - **contro**
Gegenteil - **contrario**
gegenüber - **di fronte a**
geheimnisvoll - **misterioso**
gehen - **andare**
Gehirn - **cervello**
Geige - **violino**

geistliche Musik - **musica sacra**
geistreich - **spiritoso**
geizig - **avaro**
gelb - **giallo**
Geld - **soldi m/pl; denaro**
Geldbeutel - **borsellino**
Geldschein - **biglietto**
Geliebter - **diletto**
Gemälde - **quadro; dipinto**
Gemüse - **verdura**
Generalprobe - **prova generale**
genießen - **godere**
gerecht - **giusto**
Gesamtaufnahme - **registrazione integrale f**
Gesang - **canto**
Gesäß - **sedere m**
Geschäft - **negozio**
geschieden - **divorziato**
Geschirr - **stoviglie f/pl**
Geschwindigkeit - **velocità**
Gesicht - **faccia; viso**
gestern - **ieri**
gesund - **sano**
Gewicht - **peso**
gewinnen - **vincere**
gewiß - **certo**
Gewissensbiß - **rimorso**
Gitarre - **chitarra**
Glas - **vetro** (Material); **bicchiere m** (Trink-)
glatt - **liscio**
glauben - **credere**
gleichgültig - **indifferente**
Gleis - **binario**
Glück - **fortuna**
glücklich - **felice; fausto**
Gold - **oro**
Gramm - **grammo**
grau - **grigio**
grausam - **crudele**
Groll - **risentimento**
groß - **grande**
Großeltern - **nonni m/pl**
Großmutter/Großvater - **nonna/nonno**
großzügig - **generoso**
grün - **verde**
Gummi - **gomma**
Gürtel - **cintura**
gut - **buono** (Adjektiv); **bene** (Adverb)

H

Haar - **capello**
haben - **avere**
Hafen - **porto**
Hals - **collo**
halten - **tenere**
Haltestelle - **fermata**
Hand - **mano f**
Handlung - **trama; azione f**
Handschuhe - **guanti m/pl**
Handtasche - **borsetta**
Handtuch - **asciugamano**
Harfe - **arpa**
hart - **duro**
Haß - **odio**
hassen - **odiare**
häßlich - **brutto**

Hauptrolle - **parte f principale; protagonista m+f**
Haus - **casa**
Hausfrau - **casalinga**
Haut - **pelle f**
heiraten - **sposarsi**
heißen - **chiamarsi**
Heizung - **riscaldamento**
helfen - **aiutare**
hell - **chiaro**
Hemd - **camicia**
Herbst - **autunno**
Herd - **cucina**
Herrschaft - **impero**
Herz - **cuore m**
Herzklopfen/-schlag - **palpito**
heute - **oggi**
hilfreich - **utile**
Himmel - **cielo**
hinter - **dietro**
Hintern - **didietro**
hoch - **alto**
hochmütig - **altero**
Hoden - **testicolo**
Hof - **cortile m**
hoffen - **sperare**
Hoffnung - **speranza; speme f**
Höhe - **altezza**
hoher Ton - **acuto**
Holz - **legno**
hören - **sentire**
Horn - **corno**
Hose - **pantaloni pl**
Hotel - **albergo**
Hubschrauber - **elicottero**
Hügel - **collina**
Hund - **cane m**
Hut - **cappello**
Hygiene - **igiene f**

I

ich - **io**
ihr - **voi**
in - **in; a**
innen - **dentro**
Insekt - **insetto**
Inszenierung - **messinscena**
interessant - **interessante**
sich irren - **sbagliarsi**

J

Jacke - **giacca**
Jagd - **caccia**
Jäger - **cacciatore m**
Jahr - **anno**
Jahreszeit - **stagione f**
jedoch - **invece**
jene/jener - **quella/quello**
jung - **giovane**
Junggeselle - **scapolo**

K

Kaffeelöffel - **cucchiaino**
Kaffeemaschine - **caffettiera**
kalt - **freddo**
Kamm - **pettine m**
sich kämmen - **pettinarsi**
Kampf - **lotta**

kämpfen - **lottare**
Kasse - **cassa**
Kassette - **nastro; musicassetta**
Kassettenrecorder - **mangianastri m**
Katze - **gatto**
kaufen - **comprare**
kaum - **appena**
Kehle - **gola**
Keller - **cantina**
Kerze - **candela**
Kette - **catena**
kicksen - **steccare**
Kilogramm - **chilo**
Kilometer - **chilometro**
Kind - **bambino**
Kinderzimmer - **stanza dei bambini**
Kinn - **mento**
Kino - **cinema m**
Kirche - **chiesa**
Kissen - **cuscino**
Klage - **lamento**
Klarinette - **clarinetto**
Klavier - **pianoforte m**
Klavierauszug - **spartito**
Kleid - **vestito**
klein - **piccolo**
Kleingeld - **spiccioli m/pl**
klug - **intelligente**
Knie - **ginocchio**
Knochen - **osso**
Knopf - **bottone m**
kochen - **cucinare**
Koffer - **valigia**
Kohle - **carbone m**
kommen - **venire**
komponieren - **comporre**
Komponist - **compositore m**
Komposition - **composizione f**
Kondom - **preservativo**
können - **potere; sapere**
Kontrabaß - **contrabbasso**
Konzert - **concerto**
Kopf - **testa**
Korkenzieher - **cavatappi m**
Körper - **corpo**
Kraft - **forza; vigore m**
kräftig - **robusto**
krank - **(am)malato**
Krankenhaus - **ospedale m**
Krankheit - **malattia; morbo**
Kummer - **affanno**
Künstler(in) - **artista m+f**

L

Leben - **vita**
lebhaft - **vivace**
Leder - **pelle f; cuoio**
ledig - **nubile (f); celibe (m)**
legen - **mettere**
leicht - **leggero**
Leid - **pena; morbo**
Leidenschaft - **passione f**
leidenschaftlich - **appassionato**
leise - **piano**
Leiter - **scala**
Leitung - **guida**
lernen - **imparare; studiare**
lesen - **leggere**

letzter - **ultimo**
leugnen - **negare**
Licht - **luce f**
Liebe - **amore m; affetto**
lieben - **amare**
lieber mögen - **preferire**
Lied - **canzone f; lied m**
Liederabend - **recital m**
links - **a sinistra**
Lippe - **labbro**
Lippenstift - **rossetto**
Löffel - **cucchiaio**
Loge - **palco**
Lohn - **compenso**
Lösung - **soluzione f**
Löwe - **leone m**
Lüge - **bugia**
lügen - **mentire**
Lunge - **polmone m**
Lust (zu/auf) - **voglia (di)**
lustig - **allegro**

M

machen - **fare**
Magd - **serva**
Magen - **stomaco**
man - **si**
man sagt - **si dice**
Mann - **uomo**
Mantel - **cappotto**
Markt - **mercato**
Maß - **misura**
Material - **materiale m**
Mauer - **muro**
Meer - **mare m**
mehr - **più**
Melodie - **melodia**
Mensch - **uomo**
merkwürdig - **strano**
messen - **misurare**
Messer - **coltello**
Metall - **metallo**
Meter - **metro**
Mezzosopran - **mezzosoprano**
Miete - **affitto**
Millimeter - **millimetro**
Minute - **minuto**
Mißerfolg - **fiasco**
mit - **con**
Mitleid - **pietà**
Mittag - **mezzogiorno**
Mitternacht - **mezzanotte f**
Möbel - **mobili m/pl**
möglich - **possibile**
Moll - **modo minore**
Mond - **luna**
Moped - **motorino**
morgen - **domani**
Morgen - **mattino**
Motorrad - **moto(cicletta)**
müde - **stanco**
Mund - **bocca**
Mündel - **pupillo**
Münze - **moneta**
Museum - **museo**
Musik - **musica**
musikalisch - **musicale**
Musiker - **musicista m+f**

Musikhochschule - **conservatorio**
Musikinstrument - **strumento musicale**
musizieren - **fare della musica**
Muskel - **muscolo**
müssen - **dovere**
Mut - **coraggio**
Mütze - **berretto**

N

nach - **dopo (zeitl.); a, in (örtl.)**
nachgeben - **cedere**
Nachmittag - **pomeriggio**
Nacht - **notte f**
Nachtigall - **usignolo**
Nacken - **nuca**
nackt - **nudo**
Nagellack - **smalto**
Name (Vor-) - **nome m**
Nase - **naso**
Nebel - **nebbia**
neben - **accanto a**
Nebenrolle - **parte f secondaria**
Neffe - **nipote m**
nehmen - **prendere**
nett - **simpatico**
neu - **nuovo**
nicht - **non**
nicht einmal - **neanche; neppure; nemmeno**
Nichte - **nipote f**
nichtig - **vano**
nichts - **niente; nulla**
nie(mals) - **mai; giammai**
nie mehr - **mai più**
niedrig - **basso**
niemand - **nessuno**
noch (nicht) - **(non) ancora**
Note - **nota**
nützlich - **utile**

O

Oboe - **oboe m**
Obst - **frutta**
Ofen - **forno**
öffnen - **aprire**
ohne - **senza**
Ohr - **orecchio**
Ohrfeige - **schiaffo**
Ohrring - **orecchino**
Onkel - **zio**
Opernhaus - **teatro lirico**
Opfer - **sacrifizio**
opfern - **sacrificare**
orange - **arancione**
Orchester - **orchestra**
Orgel - **organo**

P

Packung - **confezione f**
Papier - **carta**
Parfum - **profumo**
Park - **parco**
Parkett - **platea**
Partie - **parte f**
Partitur - **partitura**
Paß - **passaporto**
Pause - **intervallo**
Penis - **pene m**

Personalausweis - **carta d'identità**
Pfanne - **padella**
Pferd - **cavallo**
Pflanze - **pianta**
Pflaster - **cerotto**
Piccoloflöte - **ottavino**
Plan - **progetto**
Plastik - **plastica**
Platz - **piazza** (Stadt); **posto** (Sitz)
Posaune - **trombone m**
Praxis (Arzt-) - **ambulatorio**
Premiere - **prima**
Priester - **sacerdote m**
Probe - **prova**
probieren - **provare**
Publikum - **pubblico**
Pullover - **pullover m**
Pult (Dirigenten-) - **leggio**
putzen - **pulire**

Q & R

Qual - **tormento**
Querschnitt - **brani scelti m/pl**
Rache - **vendetta**
rächen - **vendicare**
Radio - **radio f**
Radioübertragung - **trasmissione f radiofonica**
Rampe - **ribalta**
Rang (Oper) - **galleria**
Raserei - **smania**
sich rasieren - **farsi la barba**
Rätsel - **enigma m**
rauchen - **fumare**
rauh - **ruvido**
rauß - **fuori**
rechnen - **calcolare**
rechts - **a destra**
Regen - **pioggia**
Regie - **regia**
Regisseur(in) - **regista m+f**
regnen - **piovere**
reich - **ricco**
Reich - **impero**
Reihe (Sitz-) - **fila**
rein - **dentro**
Reise - **viaggio**
Reisebüro - **agenzia viaggi**
reisen - **viaggiare**
reservieren - **prenotare**
Reservierung - **prenotazione f**
Reue - **rimorso**
Rezept - **ricetta**
richtig - **corretto; giusto**
riechen - **sentire**
Ring - **anello**
Rock - **gonna**
Rolle - **ruolo**
rosa - **rosa**
rot - **rosso**
Rücken - **schiena**
ruhig (innerl.) - **calmo**
rühren (innerl.) - **commuovere**

S

Sache - **cosa**
sagen - **dire**
Saison - **stagione f**

Saite - **corda**
Sakko - **giacca**
Salbe - **pomata**
salzig - **salato**
sammeln - **raccogliere**
Sammlung - **raccolta**
Sand - **sabbia**
Sänger(in) - **cantante m+f**
Satz - **frase f**
sauber - **pulito**
sauer - **acido**
Schaf - **pecora**
Schal - **sciarpa**
Schallplatte - **disco**
Schallplattenspieler - **giradischi m**
Schalter - **sportello;**
(Lichtschalter) **interruttore m**
Schand(e, -tat) - **infamia**
Schande - **vergogna**
schändlich - **infame**
scharf - **piccante**
Schauspieler/(in) - **attore m/attrice f**
Scheck - **assegno**
Scheide - **vagina**
sich scheiden lassen - **divorziare**
schenken - **regalare; donare**
Schere - **forbici f/pl**
Schicksal - **destino**
Schiff - **nave f**
Schirm - **ombrello**
Schlacht - **battaglia**
Schlaf - **sonno**
Schlafanzug - **pigiama m**
schlafen - **dormire**
Schlafzimmer - **camera da letto**
schlagen - **picchiare**
Schlagzeug - **batteria**
schlank - **snello**
schlau - **furbo; astuto**
schlecht - **cattivo** (Adjektiv);
male (Adverb)
schließen - **chiudere**
Schloß - **castello**
Schlüssel - **chiave f**
schmachten - **languire**
schmal - **stretto**
schmecken - **piacere**
Schmerz - **dolore m**
Schmetterling - **farfalla**
sich schminken - **truccarsi**
schmutzig - **sporco**
Schnee - **neve f**
schneien - **nevicare**
Schnurrbart - **baffi m/pl**
schön - **bello**
Schönheit - **bellezza; beltà**
Schrank - **armadio**
Schreck(en) - **spavento**
schreiben - **scrivere**
schüchtern - **timido**
Schuhe - **scarpe f/pl**
schulden - **dovere**
Schulden - **debiti m/pl**
Schule - **scuola**
Schulter - **spalla**
Schuß - **tiro**
Schüssel - **ciotola**
schwach - **debole**

schwarz - **nero**
Schwein - **maiale m**
schwer - **pesante**
Schwester - **sorella**
Schwiegereltern - **suoceri m/pl**
schwierig - **difficile**
Schwimmbad - **piscina**
See - **lago**
Seele - **anima; alma**
sehen - **vedere**
Sehnsucht - **nostalgia**
Seide - **seta**
Seife - **sapone m**
sein - **essere**
Sekunde - **secondo**
seltsam - **strano**
Sessel - **poltrona**
seufzen - **sospirare**
Seufzer - **gemito; sospiro**
sicher - **sicuro**
sie, Sie (Einzahl/pl, auch Anrede) - **lei/loro**
Sieg - **vittoria**
Silber - **argento**
singen - **cantare**
Sinn - **senso**
so - **così**
sobald - **appena**
Socken - **calzini m/pl**
Sohn - **figlio**
Soloabend - **recital m**
Sommer - **estate**
Sonne - **sole m**
Sonnenuntergang - **tramonto**
Sopran - **soprano**
Sorge - **preoccupazione f; affanno**
Souffleur - **suggeritore m**
sparen - **risparmiare**
spät - **tardi**
Spazierganz - **passeggiata**
Spiegel - **specchio**
Spiel - **gioco**
spielen - **suonare** (Instrument); **giocare** (Spiel)
Spielplan - **repertorio**
Spielzeit - **stagione f**
Spielzeug - **giocattolo**
Sprache - **lingua**
sprechen - **parlare**
Spritze - **iniezione f**
Stachel - **spina**
Stadt - **città**
Stadtplan - **pianta della città**
Stadtviertel - **quartiere**
stark - **forte**
Stärke - **vigore m**
Statist(in) - **comparsa**
statt - **invece di**
Steckdose - **presa**
Stecker (Elektro-) - **spina**
Stehplatz - **posto in piedi**
Stein - **pietra; sasso**
stellen - **mettere**
sterben - **morire**
Stern - **stella**
Stiefel - **stivali m/pl**
Stimmbänder - **corde vocali f/pl**
Stimme - **voce f**

stimmen (Instrument) - **accordare**
Stimmlage - **registro**
Stirn - **fronte f**
Stoff - **stoffa**
stolz - **orgoglioso; altero**
Strand - **spiaggia**
Straße - **strada; via**
Straßenbahn - **tram m**
Stroh - **paglia**
Strom - **corrente f**
Strümpfe - **calze f/pl**
Stuhl - **sedia**
stumm - **muto**
Stunde - **ora**
suchen - **cercare**
süß - **dolce**

T

Tablette - **pastiglia; compressa**
Tag - **giorno; dì m**
Takt - **battuta; tempo**
Taktstock - **bacchetta**
Tal - **valle f**
Tampon - **assorbente interno**
Tante - **zia**
tanzen - **ballare**
Tänzer/(in) - **ballerino/ballerina**
Tasche - **borsa**
Taschentuch - **fazzoletto**
Tasse - **tazza**
Taste - **tasto**
taub - **sordo**
tauschen - **cambiare**
Teelöffel - **cucchiaino**
Teil - **parte f**
teilnehmen - **prendere parte**
Teller - **piatto**
Temperatur - **temperatura**
Tenor - **tenore m**
Teppich - **tappeto**
teuer - **caro**
Teufel - **diavolo**
Theater - **teatro**
Theaterkasse - **biglietteria**
tief - **profondo**
Tiefe - **profondità**
Tier - **animale m**
Tisch - **tavola**
Titelpartie - **protagonista m+f**
Tochter - **figlia**
Tod - **morte f**
Toilette - **gabinetto**
Toilettenpapier - **carta igienica**
Ton - **tono**
Tonart - **tonalità**
Tonfall - **accento**
Tonleiter - **scala**
Topf - **pentola**
tot - **morto**
Trainingsanzug - **tuta**
Träne - **lacrima/lagrima**
Traum - **sogno**
traurig - **triste**
Treppe - **scala**
treu - **fedele**
Trommel - **tamburo**
Trompete - **tromba**
Tropfen - **gocce f/pl**

Trost - **conforto**
T-Shirt - **maglietta**
tüchtig - **bravo**
tun - **fare**
Tür - **porta**
Turm - **torre f**
Turnschuhe - **scarpe f/pl da tennis**
Tyrann - **tiranno**

U

U-Bahn - **metro(politana)**
über - **sopra**
übermorgen - **dopodomani**
überraschen - **sorprendere**
Übertragung - **trasmissione f**
Uhr - **orologio**
umarmen - **abbracciare**
umsteigen - **cambiare**
umziehen - **cambiare casa**
unabhängig - **indipendente**
unbekannt - **sconosciuto**
und - **e**
undankbar - **ingrato**
unerbittlich - **implacabile**
unfähig - **incapace**
ungerecht - **ingiusto**
unglaublich - **incredibile**
Unglück - **sventura**
unglücklich - **sfortunato**
unglückselig - **sventurato**
unheilvoll - **funesto**
Universität - **università**
unmöglich - **impossibile**
Unrecht - **torto**
unsympathisch - **antipatico**
unter - **sotto**
Unterkunft - **alloggio**
untreu - **infedele**
unwahrscheinlich - **improbabile**
Urlaub - **vacanze f/pl**

V

Vase - **vaso**
verabscheuen - **detestare**
verachten - **disprezzare**
Verachtung - **disprezzo**
verändern - **cambiare**
verbergen - **nascondere**
verbessern - **correggere**
verbringen - **passare; trascorrere**
Verdacht - **sospetto**
verdammt - **dannato**
verdienen - **meritare** (fig);
guadagnare (Geld)
verflucht - **maledetto**
vergeblich - **invano; vano**
vergehen (Zeit) - **trascorrere**
vergessen - **dimenticare**
Vergnügen - **diletto**
verheiratet - **sposato**
verkaufen - **vendere**
verkörpern - **impersonare**
verlassen - **lasciare**
verliebt - **innamorato**
verlieren - **perdere**
Vernunft - **ragione f**
Verrat - **tradimento**
verraten - **tradire**

verrückt - **pazzo; matto**
verschreiben - **prescrivere**
Versicherung - **assicurazione f**
Verspätung - **ritardo**
verstecken - **nascondere**
verstehen - **capire**
verstimmt (Instrument) - **scordato**
versuchen - **provare; tentare**
verteidigen - **difendere**
Vertrauen - **fiducia**
verzichten - **rinunciare**
verzweifelt - **disperato**
Verzweiflung - **disperazione f**
Vielseitigkeit - **versatilità**
vierhändig spielen - **suonare a quattro mani**
Violine - **violino**
Violinschlüssel - **chiave f di violino**
Vogel - **uccello**
von - **di; da**
vor - **davanti a** (örtlich); **prima di** (zeitlich)
Vorahnung - **presagio**
vorbeigehen - **passare**
vorgestern - **ieri l'altro**
Vorhang - **sipario**
Vormittag - **mattina**
Vormund - **tutore m**
Vorschlag - **proposta**
vorsichtig - **prudente**
Vorspiel - **preludio**
Vorstellung - **rappresentazione f**

W

Waage - **bilancia**
wachen - **vegliare**
wagen - **osare**
Wagen - **macchina**
Wahnsinn - **follia**
während - **durante** (+ Substantiv); **mentre** (+ Verb)
wahrscheinlich - **probabile**
Wald - **bosco**
Wange - **guancia**
wann? - **quando?**
warm - **caldo**
warten - **aspettare**
warum? - **perché?**
was? - **che?; cosa?; che cosa?**
Waschbecken - **lavabo**
Wäsche - **biancheria**
sich waschen - **lavarsi**
Waschmaschine - **lavatrice f**
Wasser - **acqua**
Wechselkurs - **cambio**
wechseln - **cambiare**
wecken - **svegliare**
Wecker - **sveglia**
weder ... noch ... - **né ... né ...**
wegen - **per**
weich - **morbido**
weichen - **cedere**
weil - **perché**
weinen - **piangere**
weiß - **bianco**
weit - **largo**
weitermachen - **continuare**

weitgefaßt/weitläufig - **vasto**
welche(r)? - **quale?**
Welt - **mondo**
weniger - **meno**
wenn - **se; quando (zeitl.)**
wer? - **chi?**
wie? - **come?**
wieder - **di nuovo**
wiederfinden - **ritrovare**
wiedergeben - **ridonare**
wiederkehren - **ritornare**
wiedersehen - **rivedere**
wiegen - **pesare**
Wiese - **prato**
wieviel? - **quanto?**
Wind - **vento**
Winter - **inverno**
wir - **noi**
wirklich - **proprio**
wissen - **sapere**
Witwe/Witwer - **vedova/vedovo**
Witz - **barzelletta**
wo? - **dove?**
Wochenende - **fine m settimana**
wohnen - **abitare**
Wohnung - **appartamento**
Wohnzimmer - **soggiorno; salotto**
Wolke - **nuvola; nube f**
Wolle - **lana**
wollen - **volere**
Wonne - **delizia**
Wort - **parola; accento**
wunderbar - **meraviglioso**
Würfel - **dado**
Wut - **furia; furore m**
wütend - **arrabbiato**

Z

zahlen - **pagare**
Zahn - **dente m**
Zahnarzt - **dentista m**
Zahnbürste - **spazzolino da denti**
Zahnpasta - **dentifricio**
Zäpfchen - **supposte f/pl**
Zeit - **tempo**
Zeitvertreib - **passatempo**
Zentimeter - **centimetro**
Ziege - **capra**
ziemlich - **abbastanza**
Zimmer - **stanza; camera**
zittern - **tremare**
Zubehör - **accessori m/pl**
zufrieden - **contento**
Zug - **treno**
Zugabe - **bis m**
zuhören - **ascoltare**
Zuneigung - **simpatia**
Zunge - **lingua**
zurückgeben - **rendere**
zuschauen - **guardare**
Zuschauer - **spettatore m**
Zuschauerraum - **auditorio**
zwecklos - **inutile**
zwingen - **costringere**
zwischen - **fra/tra**

Kauderwelsch "Slang"

Die Sprache des Alltags - ohne wenn und aber:

Michael Blümke
Italo-Slang
- das andere Italienisch
ISBN 3-89416-300-3

Hermann Kayser
Französisch-Slang
- das andere Französisch
ISBN 3-89416-017-9

Hans-Jürgen Fründt
Spanisch-Slang
- das andere Spanisch
ISBN 3-89416-247-3

Britta Scheunemann
Franko-Kanadisch
- Québécois Slang
ISBN 3-89416-298-8

Das, was man in der Schule lernt, ist eine Sache, das, was die Leute wirklich sprechen, ist eine andere.

Die Slang-Bände der KAUDERWELSCH-Reihe vermitteln die heute gesprochene Alltagssprache, ohne ein Blatt vor den Mund zu nehmen. Wörter, Sätze und Ausdrücke, die man in Kneipen, Discos, auf der Straße oder im Bett hört und sagt. Die Sprache der Szene und des "einfachen Mannes". Umgangssprache, die man kaum im Wörterbuch findet und garantiert nicht in der Schule gelernt hat.

Jeder Band bietet ca. 1000 Stichworte zum täglichen Gebrauch, erklärt, ehrlich übersetzt und praxisorientiert geordnet. 96-144 Seiten, mit vielen originellen Comix ausgestattet.

●Kostenpunkt: DM 14.80

REISE KNOW-HOW Verlag Peter Rump Verlag GmbH, Bielefeld

Der Autor

Michael Blümke: "Ein Leben ohne Oper? Unvorstellbar! Schon als Kind habe ich meine Umwelt fast rund um die Uhr mit Belcanto beschallt, "Koloraturspinner" nannte mein Vater mich damals liebevoll. Nun, schwächer wurde das Feuer meiner Leidenschaft seither nicht gerade ..."

Von Michael Blümke, der als Lektor und Musikjournalist in Bielefeld lebt, erschien als Band 97 der Kauderwelsch-Reihe außerdem der Titel "Italo-Slang - das andere Italienisch" (ISBN 3-89416-300-3).